SIMULANDO EL FUTURO

Innovación y Adaptación en la Gestión Empresarial

CONSULTORIA IA

Copyright © 2024 CONSULTORIA IA

All rights reserved

The characters and events portrayed in this book are fictitious. Any similarity to real persons, living or dead, is coincidental and not intended by the author.

No part of this book may be reproduced, or stored in a retrieval system, or transmitted in any form or by any means, electronic, mechanical, photocopying, recording, or otherwise, without express written permission of the publisher.

Cover design by: Art Painter
Library of Congress Control Number: 2018675309
Printed in the United States of America

A NUESTROS HIJOS

CONTENIDOS

Titulo

Derechos de autor

Dedicatoria

Breve Reseña

Porque leer este libro

Audiencia Objetivo

Prefacio

Capítulo 1: El Poder de la Simulación en el Mundo Empresarial

Capítulo 2: Innovación Disruptiva y Transformación Digital

Capítulo 3: Adaptación Rápida: Estrategias para un Mundo Impredecible

Capítulo 4: Simulaciones Predictivas y Toma de Decisiones en Tiempo Real

Capítulo 5: El Futuro de la Gestión Empresarial: Innovación Continua

Apéndices

BREVE RESEÑA

En un mundo donde la tecnología y la disrupción constante redefinen el panorama empresarial, "Simulando el Futuro" ofrece un enfoque revolucionario para los líderes de negocios que buscan navegar el futuro con éxito. A través de técnicas avanzadas de simulación, modelado y análisis predictivo, el libro explora cómo las empresas pueden innovar, adaptarse y prosperar en un entorno volátil y altamente competitivo. Con ejemplos prácticos, estudios de casos y estrategias basadas en la ciencia de datos, el lector descubrirá cómo anticipar cambios, mejorar la toma de decisiones y construir organizaciones más ágiles y resilientes.

PORQUE LEER ESTE LIBRO

• **Visión futurista y práctica**: Este ebook te proporciona una mirada profunda a cómo las empresas pueden anticiparse a los cambios tecnológicos y económicos mediante simulaciones, lo que te ayudará a implementar estrategias proactivas para la gestión empresarial.

• **Casos de estudio y aplicaciones reales**: A través de ejemplos concretos, aprenderás cómo las empresas líderes están utilizando la innovación para adaptarse y prosperar en entornos de alta incertidumbre, ofreciéndote lecciones aplicables a tu propio negocio.

• **Guía para la toma de decisiones informadas**: El libro te enseña cómo utilizar herramientas avanzadas de simulación y modelado para prever escenarios futuros y tomar decisiones más precisas, reduciendo riesgos y mejorando la competitividad en un mundo en constante evolución.

AUDIENCIA OBJETIVO

La audiencia objetivo para "Simulando el Futuro: Innovación y Adaptación en la Gestión Empresarial" incluye:

1. Directores y ejecutivos empresariales: Profesionales que buscan implementar estrategias innovadoras para mantener la competitividad de sus empresas en mercados cambiantes.

2. Emprendedores y fundadores de startups: Líderes que necesitan prever riesgos y oportunidades futuras para adaptar rápidamente sus modelos de negocio.

3. Consultores y asesores de negocios: Expertos que desean actualizar sus conocimientos sobre herramientas de simulación y modelado para ofrecer soluciones estratégicas más efectivas a sus clientes.

4. Profesionales de innovación y tecnología: Personas que trabajan en áreas de transformación digital o innovación tecnológica y desean aprender cómo aplicar simulaciones en la toma de decisiones empresariales.

5. Estudiantes y académicos de administración: Quienes estudian la gestión empresarial, innovación o estrategia, y buscan ejemplos y enfoques prácticos para aplicarlos en sus estudios o investigaciones.

PREFACIO

Vivimos en una era marcada por la incertidumbre, donde la velocidad del cambio tecnológico, económico y social está redefiniendo las reglas del juego para las empresas. Hoy más que nunca, la capacidad de prever el futuro y adaptarse rápidamente a las nuevas realidades es la clave para el éxito. Sin embargo, el futuro no es un lugar desconocido que simplemente nos encontramos; es algo que podemos simular, modelar y, en gran medida, preparar. Esa es la premisa de este libro.

"Simulando el Futuro" nace de la necesidad de dotar a los líderes empresariales y emprendedores de las herramientas necesarias para navegar en un entorno cada vez más volátil. Durante años, las simulaciones han sido utilizadas en sectores como la ciencia y la ingeniería para prever resultados complejos. Ahora, esa misma tecnología y metodología está revolucionando la gestión empresarial, ayudando a los líderes a tomar decisiones informadas y minimizar los riesgos.

En estas páginas, exploraremos cómo las empresas pueden usar la simulación y la modelación para anticiparse a los desafíos del futuro, desde crisis económicas hasta cambios en las preferencias del consumidor. A través de estudios de caso reales y aplicaciones prácticas, este libro ofrece una guía clara y accesible para aquellos que desean no solo sobrevivir en este entorno dinámico, sino prosperar en él.

Mi esperanza es que, al finalizar este viaje, te sientas capacitado para liderar con confianza en un mundo incierto, utilizando las herramientas que la innovación pone a tu disposición para construir el futuro que deseas ver.

¡Bienvenido al futuro de la gestión empresarial!

CONSULTORIA IA

CAPÍTULO 1: EL PODER DE LA SIMULACIÓN EN EL MUNDO EMPRESARIAL

Introducción a la Simulación: Más Allá de las Hojas de Cálculo

En las últimas décadas, las hojas de cálculo han sido una herramienta esencial en el mundo empresarial. Desde la gestión de inventarios hasta el análisis financiero, los datos numéricos se han organizado, manipulado y evaluado a través de estos programas. Sin embargo, a medida que el entorno empresarial se vuelve más dinámico y complejo, y los retos y oportunidades globales se expanden, las hojas de cálculo ya no son suficientes para capturar la realidad completa y ofrecer una visión holística de las operaciones, las estrategias y los mercados.

La simulación ha emergido como una respuesta directa a esta necesidad de mayor precisión y visión estratégica. A diferencia de las hojas de cálculo, que solo pueden proyectar tendencias y relaciones estáticas entre variables, la simulación ofrece la posibilidad de modelar escenarios complejos y dinámicos que se acercan más a la realidad. Con la capacidad de introducir múltiples variables, desde cambios macroeconómicos hasta decisiones operativas específicas, las simulaciones permiten visualizar no solo lo que es probable que suceda, sino también el impacto que diferentes decisiones podrían tener en el futuro.

El poder de la simulación va mucho más allá de simples proyecciones. Las empresas modernas que utilizan simulaciones pueden prever el comportamiento de los mercados, las reacciones de los consumidores, los impactos de las decisiones en la cadena de suministro y las estrategias de expansión en nuevos mercados. De esta manera, el proceso de toma de decisiones se convierte en algo mucho más informado, basado en datos y respaldado por la inteligencia artificial y el análisis predictivo.

El Avance de la Simulación en la Era Digital

En la actualidad, las simulaciones han evolucionado gracias a la digitalización y a los avances en inteligencia artificial (IA). La IA ha permitido que las simulaciones sean más rápidas, más detalladas y más accesibles que nunca. Las empresas pueden simular la respuesta de un mercado global ante un nuevo producto, o visualizar cómo los cambios en las regulaciones de comercio internacional afectarán a su cadena de suministro. De esta forma, las simulaciones no solo ayudan a las empresas a navegar en entornos inciertos, sino que también las posicionan para liderar en sus respectivas industrias.

En un contexto globalizado, donde la incertidumbre es una constante, la simulación empresarial se convierte en una herramienta crítica para gestionar el riesgo. Las crisis económicas, las pandemias globales y los cambios políticos inesperados pueden alterar las reglas del juego de la noche a la mañana. Las empresas que no están preparadas para estos cambios pueden encontrarse luchando por sobrevivir. Pero aquellas que utilizan la simulación pueden prever múltiples escenarios posibles y prepararse para cualquier eventualidad.

Un ejemplo de esto es la crisis global de la pandemia del COVID-19. Las empresas que habían implementado simulaciones en sus operaciones pudieron reaccionar más rápidamente y con mayor precisión a los desafíos inesperados. Pueden haber modelado escenarios de interrupción en la cadena de suministro, de cambios drásticos en la demanda y de restricciones comerciales. Estas empresas no solo sobrevivieron, sino que muchas prosperaron al identificar oportunidades en medio de la crisis.

Aplicaciones Prácticas de la Simulación Empresarial

Las aplicaciones de la simulación en el mundo empresarial son vastas y cubren casi todos los aspectos del negocio. A continuación, se describen algunas de las áreas clave en las que la simulación puede marcar una diferencia significativa:

1. Simulación en la Gestión de la Cadena de Suministro

La gestión de la cadena de suministro es un campo donde la simulación ha demostrado ser invaluable. En una cadena de suministro moderna, que puede abarcar múltiples continentes y depender de proveedores de diversas industrias, los riesgos son altos. Desde interrupciones por desastres naturales hasta cambios en las políticas comerciales, cualquier evento puede causar un impacto significativo en el flujo de bienes.

La simulación permite a las empresas modelar diferentes escenarios y evaluar el impacto de varios factores sobre su cadena de suministro. Por ejemplo, una empresa puede simular qué sucedería si uno de sus proveedores clave en Asia experimentara una interrupción en su producción. ¿Cómo afectaría esto a los niveles de inventario? ¿Cuánto tiempo tomaría cambiar a un proveedor alternativo? ¿Cuál sería el impacto financiero de tal interrupción?

Al anticipar estos riesgos y simular soluciones, las empresas pueden desarrollar planes de contingencia y mitigar los impactos negativos antes de que ocurran. En lugar de reaccionar ante una crisis, la simulación permite una planificación proactiva, brindando a las empresas una ventaja competitiva.

2. Simulación en la Estrategia de Expansión Internacional

Expandirse a nuevos mercados internacionales es un desafío que requiere una planificación meticulosa. Las empresas deben considerar una amplia gama de factores, desde las preferencias culturales de los consumidores hasta las políticas regulatorias. Además, deben anticipar cómo estos factores evolucionarán con el tiempo.

Con la simulación, las empresas pueden evaluar múltiples escenarios para su expansión internacional. Pueden simular diferentes niveles de demanda en un nuevo mercado, modelar las respuestas del consumidor a una variedad de productos y servicios, y prever los cambios regulatorios que podrían impactar sus operaciones. Además, pueden analizar los riesgos asociados con la entrada en un nuevo país y desarrollar estrategias para mitigar estos riesgos.

Por ejemplo, una empresa de productos de consumo que desee expandirse en América Latina podría utilizar simulaciones para modelar cómo las fluctuaciones en los tipos de cambio, las barreras comerciales y la inflación impactarán su rentabilidad en la región. Basado en los resultados de la simulación, la empresa podría ajustar su estrategia de precios, su cadena de suministro y su enfoque de marketing para maximizar sus oportunidades en el nuevo mercado.

3. Simulación en la Gestión Financiera

La simulación también es una herramienta poderosa en la gestión financiera. Las decisiones financieras, como las inversiones en nuevos proyectos, la adquisición de otras empresas o la gestión del flujo de caja, pueden tener implicaciones a largo plazo. Sin una evaluación adecuada de los riesgos y las oportunidades, las empresas pueden tomar decisiones que comprometan su estabilidad financiera.

Al utilizar simulaciones financieras, las empresas pueden modelar diferentes escenarios económicos y evaluar el impacto de sus decisiones. Pueden simular los efectos de una recesión global, cambios en las tasas de interés o fluctuaciones en los tipos de cambio sobre su situación financiera. Esto permite a los líderes empresariales tomar decisiones más informadas, reducir el riesgo financiero y aprovechar oportunidades que de otro modo pasarían desapercibidas.

4. Simulación en el Desarrollo de Nuevos Productos

El lanzamiento de un nuevo producto es uno de los desafíos más emocionantes pero riesgosos para una empresa. La simulación puede desempeñar un papel crucial en esta fase al permitir a las empresas modelar la demanda potencial del producto, identificar posibles obstáculos en su producción o distribución y evaluar cómo el nuevo producto se ajusta a las tendencias del mercado.

Por ejemplo, una empresa tecnológica que planea lanzar un nuevo dispositivo electrónico puede utilizar simulaciones para prever la demanda del producto en diferentes mercados, modelar el impacto de diferentes estrategias de precios y simular posibles problemas en la cadena de suministro. Esto permite una planificación más precisa y reduce la probabilidad de errores costosos.

5. Simulación en la Gestión del Talento

En un entorno empresarial cada vez más competitivo, la gestión eficaz del talento es crucial para el éxito. La simulación permite a las empresas modelar diferentes escenarios de contratación, retención y desarrollo del talento, ayudando a identificar las mejores estrategias para atraer y retener a los empleados clave.

Las empresas también pueden utilizar simulaciones para planificar su estrategia de formación y desarrollo. Pueden modelar cómo diferentes programas de formación impactarán en la productividad de los empleados y en los resultados empresariales. Esto permite una mejor asignación de recursos y garantiza que los empleados reciban la formación que necesitan para tener éxito.

Beneficios Estratégicos de la Simulación Empresarial

El uso de la simulación no solo proporciona beneficios operativos, sino que también ofrece ventajas estratégicas significativas:

- Mejor Toma de Decisiones: Al simular diferentes escenarios, los líderes empresariales pueden tomar decisiones más informadas, reduciendo el riesgo y maximizando las oportunidades.

- Reducción del Riesgo: La simulación permite a las empresas prever y prepararse para posibles interrupciones, lo que reduce el impacto de eventos imprevistos.

- Optimización de Recursos: Al modelar diferentes estrategias, las empresas pueden identificar la forma más eficiente de asignar sus recursos, maximizando el retorno de la inversión.

- Adaptación a Entornos Cambiantes: En un entorno empresarial en constante cambio, la capacidad de adaptarse rápidamente es clave para el éxito. La simulación permite a las empresas anticiparse a los cambios y ajustarse de manera proactiva.

El Futuro de la Simulación en los Negocios

A medida que la tecnología continúa avanzando, el poder de la simulación seguirá creciendo. Con la integración de la inteligencia artificial y el análisis de datos en tiempo real, las simulaciones serán cada vez más precisas y rápidas. Esto permitirá a las empresas no solo reaccionar a los cambios del entorno, sino también anticiparse a ellos con mayor precisión.

La simulación se está convirtiendo en una herramienta indispensable para las empresas que buscan prosperar en un mundo incierto y cada vez más interconectado. Las organizaciones que adoptan la simulación como parte integral de su estrategia empresarial estarán mejor posicionadas para liderar en sus industrias, aprovechar nuevas oportunidades y enfrentarse a cualquier desafío que el futuro les depare.

Cómo la simulación está revolucionando la toma de decisiones

La simulación ha transformado radicalmente la manera en que las empresas abordan la toma de decisiones, pasando de métodos tradicionales reactivos a enfoques proactivos y basados en datos. Esta tecnología permite a las empresas crear representaciones virtuales de escenarios complejos, lo que les da la capacidad de prever resultados, evaluar estrategias y ajustar variables sin comprometer recursos reales. A través de la simulación, los líderes empresariales pueden tomar decisiones más rápidas, informadas y efectivas, reduciendo riesgos y maximizando el retorno de sus inversiones.

1. Análisis predictivo y optimización

La simulación ha mejorado el análisis predictivo al permitir a las empresas modelar escenarios futuros con base en datos históricos. En vez de depender únicamente de hojas de cálculo estáticas, las organizaciones ahora pueden utilizar simulaciones dinámicas que ajustan y optimizan variables constantemente. Un ejemplo de esto es el sector minorista, donde las empresas utilizan simulaciones para prever cambios en la demanda de productos durante diferentes estaciones del año o en respuesta a eventos especiales. Estas simulaciones permiten ajustar las cadenas de suministro y optimizar la logística para evitar faltantes de productos o excesos de inventario.

En las empresas de servicios financieros, las simulaciones ayudan a optimizar carteras de inversión en función de distintos escenarios económicos, ajustando la asignación de activos según diferentes variables como tasas de interés, inflación o fluctuaciones del mercado. Este enfoque proactivo permite a los gestores de fondos tomar decisiones mejor fundamentadas, protegiendo así el capital de sus clientes y maximizando las oportunidades de rentabilidad.

2. Simulación de demanda en la fabricación

En el ámbito de la fabricación, las simulaciones han permitido un cambio radical en la forma en que las empresas gestionan la producción. En lugar de confiar en estimaciones genéricas de demanda, los fabricantes pueden simular múltiples variables, como cambios en las materias primas, interrupciones en la cadena de suministro o fluctuaciones en la demanda del consumidor. Un ejemplo notable es el sector automotriz, donde las empresas utilizan simulaciones para ajustar sus líneas de producción según el comportamiento del mercado en tiempo real.

Por ejemplo, Toyota ha implementado simulaciones avanzadas para ajustar su cadena de suministro global, optimizando la entrega de piezas y reduciendo tiempos de inactividad en la producción. Estas simulaciones permiten anticipar cuellos de botella y encontrar soluciones antes de que afecten la producción, mejorando significativamente la eficiencia operativa.

3. Estrategias de precios y marketing

Las simulaciones también juegan un papel crucial en la planificación de estrategias de precios y marketing. Al simular cómo diferentes precios impactan el comportamiento del consumidor, las empresas pueden determinar el precio óptimo para maximizar sus ganancias. Además, las simulaciones de campañas publicitarias permiten evaluar la efectividad de diferentes canales y mensajes de marketing antes de lanzar una campaña a gran escala, ahorrando tiempo y recursos.

Un claro ejemplo de éxito en este campo es el caso de Netflix, que ha utilizado simulaciones para mejorar sus recomendaciones personalizadas y predecir qué contenido será más popular entre sus usuarios. Estas simulaciones, basadas en datos históricos de consumo, han permitido a la compañía optimizar su inversión en nuevas producciones y maximizar la retención de suscriptores.

Casos de éxito: Empresas que lideran con simulaciones

1. Amazon: Optimización de la cadena de suministro

Amazon, uno de los líderes globales en comercio electrónico, ha revolucionado el uso de simulaciones en la optimización de su cadena de suministro. La compañía utiliza simulaciones avanzadas para prever la demanda de productos en tiempo real y ajustar su logística en consecuencia. Estas simulaciones permiten a Amazon optimizar la ubicación de sus centros de distribución, predecir la demanda de los consumidores en diferentes regiones y ajustar los niveles de inventario de manera precisa.

Gracias a estas simulaciones, Amazon puede garantizar entregas rápidas y mantener una gestión eficiente de sus recursos, reduciendo costos de almacenamiento y mejorando la satisfacción del cliente. Además, estas herramientas han permitido a la empresa adaptarse rápidamente a cambios imprevistos, como el aumento de la demanda durante eventos como el Black Friday o el Prime Day.

2. Boeing: Simulación para la innovación de productos

Boeing ha adoptado la simulación no solo para la fabricación, sino también para el diseño y prueba de sus aviones. A través de simulaciones aerodinámicas, estructurales y de materiales, Boeing ha podido desarrollar modelos más eficientes, reducir costos de producción y minimizar riesgos durante el desarrollo de nuevos productos. En lugar de construir múltiples prototipos físicos, la empresa realiza pruebas virtuales utilizando simulaciones detalladas, lo que acelera los procesos de innovación y mejora la seguridad de sus productos.

Este enfoque también permite a Boeing ajustar sus diseños en función de los resultados de las simulaciones, reduciendo los tiempos de desarrollo y minimizando los costos asociados a errores en fases posteriores de producción.

3. Tesla: Modelado de comportamiento de baterías y vehículos autónomos

Tesla, pionero en la industria de los vehículos eléctricos, ha utilizado simulaciones avanzadas para optimizar el rendimiento de sus baterías y mejorar la seguridad y eficiencia de sus vehículos autónomos. Las simulaciones permiten a Tesla predecir el comportamiento de sus baterías bajo diversas condiciones climáticas y de uso, lo que ha resultado en mejoras continuas en la autonomía y durabilidad de sus vehículos.

Además, las simulaciones son fundamentales en el desarrollo de su tecnología de conducción autónoma. Tesla utiliza simulaciones de tráfico y condiciones de carretera para entrenar sus sistemas de inteligencia artificial, lo que le permite mejorar constantemente la capacidad de sus vehículos para tomar decisiones seguras en tiempo real.

4. Procter & Gamble: Simulaciones para la innovación de productos

Procter & Gamble (P&G), una de las mayores compañías de productos de consumo del mundo, ha implementado simulaciones en el proceso de desarrollo de productos. Utilizando simulaciones, P&G puede probar diferentes formulaciones de productos como detergentes, cosméticos y alimentos antes de llevarlos al mercado. Estas simulaciones permiten a la empresa evaluar cómo los productos interactúan con factores ambientales y de uso, garantizando la calidad y efectividad de sus ofertas antes de realizar inversiones en producción a gran escala.

El uso de simulaciones ha permitido a P&G reducir significativamente el tiempo de desarrollo de nuevos productos y lanzar innovaciones que responden mejor a las necesidades del consumidor.

5. UPS: Simulación de rutas para la optimización logística

UPS, una de las empresas de logística más grandes del mundo, ha revolucionado la eficiencia de sus operaciones mediante el uso de simulaciones para optimizar las rutas de entrega. Con simulaciones avanzadas, UPS puede analizar y ajustar sus rutas de entrega en tiempo real, reduciendo costos de combustible y mejorando los tiempos de entrega. Esto ha permitido a la empresa no solo aumentar su eficiencia operativa, sino también reducir su huella de carbono al minimizar las distancias recorridas.

En particular, el sistema ORION (On-Road Integrated Optimization and Navigation) de UPS utiliza simulaciones para ajustar dinámicamente las rutas de sus conductores, tomando en cuenta el tráfico, las condiciones climáticas y otros factores en tiempo real. Este enfoque ha generado millones de dólares en ahorro de costos y ha mejorado notablemente el servicio al cliente.

La simulación se ha convertido en una herramienta estratégica que está transformando la manera en que las empresas abordan la toma de decisiones. Desde la optimización de cadenas de suministro y rutas logísticas hasta el desarrollo de nuevos productos y la innovación tecnológica, las simulaciones ofrecen a las empresas la capacidad de prever el futuro, evaluar diferentes escenarios y optimizar sus operaciones de manera eficiente. Los casos de éxito de empresas como Amazon, Boeing, Tesla, P&G y UPS demuestran que aquellas organizaciones que lideran con simulaciones están mejor preparadas para competir y triunfar en un entorno global cada vez más dinámico y desafiante.

Este enfoque no solo reduce los riesgos asociados a la toma de decisiones, sino que también acelera la innovación y mejora la adaptabilidad de las empresas, proporcionando una ventaja competitiva crítica en el mundo moderno.

1. ¿Cómo pueden las empresas asegurar que los resultados obtenidos de las simulaciones sean representativos y confiables para tomar decisiones críticas?

Reflexionemos: Las simulaciones dependen de datos históricos, supuestos y modelos matemáticos que, si no están bien calibrados o actualizados, pueden llevar a conclusiones erróneas. Sin embargo, la realidad del mercado es volátil y, a menudo, caótica. ¿Qué sucede si las variables que influenciaron las decisiones en el pasado ya no son válidas en el presente o futuro? Para superar este desafío, las empresas deben no solo confiar en los resultados numéricos, sino también tener en cuenta las intuiciones estratégicas, el análisis crítico y la experiencia humana.

Desafíos futuros: La integración de datos en tiempo real y el uso de inteligencia artificial (IA) para mejorar las simulaciones es uno de los retos más inmediatos. Si bien la IA puede aprender y ajustar modelos automáticamente, las empresas deben seguir equilibrando el uso de la tecnología con la supervisión humana para evitar una dependencia ciega en los algoritmos.

2. ¿Cómo pueden las pequeñas y medianas empresas (PYMES) acceder a herramientas de simulación avanzadas sin los recursos de los gigantes corporativos?

Reflexionemos: Aunque empresas como Amazon, Boeing y Tesla cuentan con recursos ilimitados para desarrollar simulaciones personalizadas y altamente sofisticadas, muchas PYMES no pueden hacer lo mismo. ¿Deben entonces resignarse a no beneficiarse de estas herramientas tan poderosas? La respuesta podría estar en la creciente oferta de soluciones accesibles basadas en la nube o servicios SaaS (software como servicio) que permiten a las empresas de menor tamaño acceder a tecnologías de simulación sin grandes inversiones iniciales.

Desafíos futuros: La principal barrera aquí es la personalización. A medida que las simulaciones se vuelvan más asequibles, las PYMES también deberán desarrollar la capacidad de adaptar estas herramientas a sus necesidades específicas, lo que requerirá no solo recursos financieros, sino también talento técnico y un cambio en la cultura organizacional para abrazar la toma de decisiones basada en simulaciones.

3. ¿Hasta qué punto las simulaciones pueden ayudar a las empresas a prepararse para eventos inesperados, como crisis globales o disrupciones tecnológicas?

Reflexionemos: Las simulaciones permiten modelar escenarios de riesgo, pero incluso las mejores proyecciones pueden quedar obsoletas cuando surgen eventos como pandemias, crisis financieras o disrupciones tecnológicas. ¿Cómo pueden las empresas asegurarse de que sus simulaciones contemplen lo inesperado? La clave está en la flexibilidad de los modelos y en incluir escenarios extremos en sus análisis. Además, integrar factores de incertidumbre, como cambios en las regulaciones o la irrupción de competidores disruptivos, puede ayudar a mitigar las sorpresas.

Desafíos futuros: El desafío radica en que no todo puede preverse. A medida que los modelos se complejizan y se vuelven más precisos, las empresas deben encontrar formas de manejar la incertidumbre residual. Además, es crucial fomentar una cultura que no dependa únicamente de simulaciones, sino que también valore la adaptabilidad y la resiliencia para responder ágilmente a lo imprevisto.

CAPÍTULO 2: INNOVACIÓN DISRUPTIVA Y TRANSFORMACIÓN DIGITAL

Identificando las disrupciones antes de que sucedan

La innovación disruptiva es más que un concepto de moda; es una fuerza que transforma industrias enteras y redefine la manera en que vivimos y trabajamos. Pero la verdadera pregunta es, ¿cómo podemos anticiparnos a esas disrupciones antes de que ocurran? En un mundo hiperconectado y acelerado por la tecnología, la clave para mantenernos relevantes no es solo adaptarnos a los cambios una vez que ocurren, sino aprender a identificarlos antes de que impacten. Esta es la habilidad que separa a las organizaciones y líderes que prosperan de aquellos que quedan obsoletos.

El futuro es ahora: cómo leer las señales de cambio

Es fácil mirar hacia atrás y analizar los cambios que ya han ocurrido. Pero la innovación disruptiva se trata de adelantarse al juego, de prever lo que viene y actuar antes que los competidores. Esto requiere una mentalidad futurista y una disposición para mirar más allá de lo que es evidente. El presente está lleno de señales débiles, pequeñas tendencias que, al combinarse, podrían desatar grandes olas de cambio.

Un ejemplo clásico de esto es la revolución de los teléfonos inteligentes. En sus primeros días, cuando los teléfonos servían simplemente para llamadas y mensajes de texto, algunos visionarios vieron el potencial de crear dispositivos que serían mucho más que herramientas de comunicación. Steve Jobs y su equipo en Apple no solo crearon un producto exitoso con el iPhone, sino que anticiparon y capitalizaron una disrupción que cambiaría la forma en que interactuamos con el mundo digital. ¿Cómo lo hicieron? Porque no miraron al teléfono simplemente como un dispositivo para hacer llamadas, sino como una plataforma para una vida conectada.

¿Puedes imaginar el impacto que tendría en tu negocio o carrera si fueras capaz de identificar la próxima gran disrupción antes de que golpee? Esto no es una cuestión de magia ni de predicción, sino de análisis estratégico y de estar atentos a las señales del entorno.

Observa el cambio en los comportamientos del consumidor

Los cambios en los comportamientos de los consumidores suelen ser los primeros signos de que una disrupción se está gestando. Los consumidores, impulsados por la tecnología y la globalización, están adoptando nuevas maneras de comprar, comunicarse y trabajar. La aparición de plataformas como Amazon, Netflix y Uber no solo fue el resultado de innovaciones tecnológicas, sino también de una respuesta directa a las necesidades cambiantes de los consumidores.

Tomemos a Uber como ejemplo. No fue solo una idea brillante para un servicio de transporte bajo demanda, fue una solución a problemas que los consumidores ni siquiera sabían que podían resolver. La clave está en observar cómo las personas interactúan con los productos y servicios en la actualidad. ¿Están frustrados con algo? ¿Están buscando alternativas? Esos pequeños indicadores pueden ser los primeros síntomas de una próxima disrupción.

En el contexto de la transformación digital, la observación de las preferencias de los consumidores es crucial. Las empresas deben invertir en el análisis de datos, aprovechar la inteligencia artificial y las tecnologías predictivas para entender mejor a sus clientes. ¿Qué están buscando en términos de conveniencia, personalización y accesibilidad? La anticipación y adaptación a estos cambios son esenciales para mantenerse competitivos.

El rol de la tecnología emergente en la disrupción

La tecnología siempre ha sido un catalizador clave de la disrupción. Desde la invención del motor de vapor hasta la inteligencia artificial, cada nueva ola tecnológica ha traído consigo cambios que reconfiguran el panorama empresarial. Pero la clave para aprovechar la tecnología emergente no es simplemente adoptar la más reciente, sino entender su potencial disruptivo y cómo puede aplicarse para transformar modelos de negocio actuales.

El auge de la inteligencia artificial (IA), por ejemplo, está provocando disrupciones en sectores tan diversos como la atención médica, la educación, las finanzas y el marketing. Empresas que fueron pioneras en el uso de la IA, como Tesla con sus vehículos autónomos o Google con sus algoritmos de búsqueda, no solo identificaron una tendencia tecnológica, sino que fueron capaces de integrarla en sus modelos de negocio de manera innovadora. Al hacerlo, no solo se adaptaron al cambio; lo impulsaron.

La pregunta que debes hacerte es: ¿qué tecnologías emergentes podrían impactar tu industria? ¿Cómo puedes integrarlas antes que tus competidores? No se trata solo de adoptar tecnología por el hecho de hacerlo, sino de comprender cómo puede alterar las reglas del juego. Aquí es donde una mentalidad estratégica juega un papel crucial. La capacidad de ver más allá de lo inmediato y entender cómo las tecnologías como el blockchain, el internet de las cosas (IoT), o la computación cuántica pueden transformar tu sector es una habilidad indispensable en el mundo digital de hoy.

La mentalidad proactiva: actuando antes que reaccionando

Una cosa es identificar tendencias y otra es actuar sobre ellas. A menudo, las empresas y los líderes reconocen que el cambio está en el horizonte, pero dudan en hacer movimientos audaces hasta que ya es demasiado tarde. Esta es una receta para el fracaso. Ser reactivo en lugar de proactivo puede dejar a tu empresa en una posición vulnerable cuando la disrupción finalmente golpee.

Tomemos como ejemplo la industria de la música. Cuando la digitalización y la piratería comenzaron a afectar las ventas de discos físicos, muchas compañías discográficas tardaron en adaptarse. Mientras algunas resistían el cambio, empresas como Apple vieron una oportunidad. El lanzamiento de iTunes no solo resolvió el problema de la piratería al ofrecer una alternativa legal y accesible, sino que también capitalizó el creciente apetito por el consumo digital. Apple no esperó a que la disrupción destruyera el mercado; la lideró.

El éxito a largo plazo exige una mentalidad proactiva. Los líderes deben estar dispuestos a cuestionar el status quo, a tomar riesgos calculados y a invertir en la innovación antes de que sea absolutamente necesario. Esto significa fomentar una cultura empresarial que valore la experimentación y que esté abierta al cambio. No es suficiente esperar a que las señales de cambio sean claras; debes estar dispuesto a actuar cuando las señales son aún débiles.

Innovación interna: cultivando la disrupción desde dentro

No todas las innovaciones disruptivas provienen del exterior. De hecho, muchas empresas líderes han aprendido a desarrollar la disrupción desde dentro, fomentando una cultura de innovación que permite a sus empleados experimentar con nuevas ideas. Este enfoque no solo asegura que la empresa esté preparada para los cambios, sino que también puede convertirla en la fuerza que lidera la disrupción en su industria.

Google es un excelente ejemplo de esto. A través de su famosa política del "20% de tiempo libre", permitieron a sus empleados dedicar parte de su tiempo a proyectos que no estaban directamente relacionados con sus tareas diarias. De este enfoque nacieron productos innovadores como Gmail y AdSense, que no solo beneficiaron a la empresa, sino que redefinieron la forma en que interactuamos con la tecnología.

El mensaje aquí es claro: para identificar la disrupción antes de que suceda, las empresas deben ser disruptivas desde dentro. Esto significa fomentar un entorno donde las ideas innovadoras puedan florecer, donde el fracaso sea visto como una oportunidad de aprendizaje y donde la experimentación sea parte del ADN organizacional.

Globalización y digitalización: la convergencia de fuerzas disruptivas

La globalización y la digitalización son dos de las fuerzas más potentes que impulsan la disrupción en el mundo actual. Estas fuerzas no solo están haciendo que las industrias sean más competitivas, sino que también están eliminando barreras y creando nuevas oportunidades en mercados emergentes. La convergencia de estas tendencias está creando un entorno donde las empresas deben ser ágiles y estar preparadas para moverse rápidamente.

Tomemos el comercio minorista, por ejemplo. Amazon no solo es una tienda en línea; es una plataforma global que ha transformado la forma en que compramos. La combinación de la tecnología digital y el alcance global le ha permitido no solo ser un competidor, sino redefinir por completo el comercio minorista. Las empresas que no anticiparon este cambio han luchado por sobrevivir, mientras que aquellas que vieron el potencial disruptivo y actuaron rápidamente han prosperado.

Cómo preparar a tu empresa para la próxima disrupción

Entonces, ¿cómo puedes preparar a tu empresa o proyecto para la próxima ola de disrupción? La respuesta radica en adoptar una estrategia integral y futurista. Aquí algunos pasos concretos que puedes tomar:

1. Inversión en tecnología emergente: No esperes a que tus competidores lo hagan primero. Sé pionero en la adopción de nuevas tecnologías que puedan transformar tu industria.

2. Análisis continuo de tendencias: Mantente al tanto de los cambios en los comportamientos del consumidor, las tendencias tecnológicas y las fuerzas globales. Utiliza herramientas de análisis predictivo para anticipar el cambio.

3. Fomentar la innovación interna: Crea una cultura que celebre la experimentación y la innovación. Permite que tus empleados exploren nuevas ideas y apoya aquellos proyectos que puedan llevar a disrupciones positivas.

4. Desarrollar una mentalidad ágil: Las empresas ágiles son aquellas que pueden adaptarse rápidamente al cambio. Implementa metodologías ágiles en tus procesos y toma decisiones estratégicas de forma rápida y eficiente.

5. Crear alianzas estratégicas: Colabora con startups, universidades o incluso competidores para impulsar la innovación. A menudo, las disrupciones más grandes provienen de esfuerzos colaborativos.

La disrupción no es una amenaza si aprendes a dominarla. Al identificar los cambios antes de que sucedan, puedes no solo adaptarte, sino liderar la transformación en tu industria. Las oportunidades están ahí, esperando ser aprovechadas, y con la mentalidad y las estrategias adecuadas, puedes estar a la vanguardia de la próxima revolución digital.

Transformación Digital: No solo una opción, sino una necesidad

En el siglo XXI, las empresas que no se adaptan a la transformación digital corren el riesgo de quedar obsoletas. La tecnología ya no es solo una herramienta que puede optimizar procesos, sino que se ha convertido en el núcleo de cualquier estrategia empresarial moderna. Dentro de este contexto, la inteligencia artificial (IA) y el machine learning (ML) han emergido como fuerzas impulsoras capaces de transformar radicalmente cómo se gestionan las organizaciones.

Pero, a pesar de su importancia, muchas empresas todavía enfrentan desafíos profundos a la hora de implementar estos avances. A lo largo de este capítulo, exploraremos varios casos que revelan problemas empresariales comunes en el ámbito de la transformación digital y cómo las organizaciones pueden aprender a superarlos, mientras invitamos al lector a reflexionar junto con nosotros sobre las soluciones estratégicas para abordarlos.

Caso 1: La disrupción en la industria minorista — Desafío de la personalización

Imagina a una cadena de tiendas minoristas que ha liderado su sector durante más de 30 años, pero que recientemente ha visto cómo las ventas han disminuido drásticamente. Sus competidores digitales, como Amazon, han cambiado las reglas del juego, y ahora los consumidores esperan experiencias personalizadas y rápidas. Nuestra tienda minorista, sin embargo, sigue ofreciendo un enfoque genérico, con productos organizados en una distribución tradicional y sin ninguna forma de personalización digital.

El equipo directivo sabe que deben modernizarse, pero se enfrentan a preguntas complejas: ¿por dónde empezar? ¿Cómo puede la tecnología ayudar a personalizar la experiencia del cliente sin perder la esencia de lo que ha hecho que la tienda tenga éxito durante tantos años?

Reflexión junto al lector:

El problema que enfrenta esta cadena de tiendas es común: un negocio exitoso que se siente atrapado en modelos tradicionales en un entorno que ha cambiado radicalmente. Aquí, la IA y el machine learning pueden ser las soluciones ideales para personalizar la experiencia del cliente, pero la implementación es el verdadero reto.

Solución:

La personalización digital puede comenzar con una inversión en sistemas de IA y ML que analicen los patrones de compra de los clientes y predigan sus futuras necesidades. Por ejemplo, al implementar algoritmos de recomendación basados en compras anteriores y comportamientos en línea, la tienda puede ofrecer a cada cliente una experiencia adaptada. Esto no solo ayuda a mantener a los clientes actuales comprometidos, sino que también atrae a una nueva generación de consumidores que valora la personalización.

Sin embargo, el cambio no debe ser abrupto ni radical. La integración de la tecnología debe equilibrarse con la identidad de la tienda. En lugar de ver la transformación digital como una amenaza, los directivos deben verlo como una oportunidad para reinventar el negocio sin perder su esencia.

Caso 2: La fábrica tradicional frente a la revolución del machine learning — Optimizando la producción

Una fábrica de manufactura de automóviles ha sido un referente en el sector durante décadas, pero ahora enfrenta una disminución en su productividad y un aumento en los costos operativos. Los directivos están comenzando a perder contratos frente a competidores que han adoptado tecnologías más avanzadas, incluyendo la automatización inteligente y el análisis predictivo basado en machine learning. La fábrica sabe que necesita transformarse digitalmente, pero no tienen claro cómo la IA y el machine learning pueden resolver sus problemas específicos de producción.

Reflexión junto al lector:

Aquí, la falta de claridad sobre cómo la IA puede aplicarse a un entorno industrial tradicional es la mayor barrera. A menudo, las empresas dudan en implementar soluciones tecnológicas debido a la falta de comprensión o el miedo al cambio. Entonces, ¿cómo puede una fábrica tradicional, con décadas de historia, integrar machine learning sin desestabilizar su estructura actual?

Solución:

El primer paso es identificar qué partes del proceso de producción se beneficiarán más de la automatización. El machine learning puede ayudar a optimizar la cadena de suministro mediante la predicción de la demanda de productos y la identificación de posibles problemas antes de que ocurran, lo que reduce significativamente los tiempos de inactividad y los errores de producción.

Por ejemplo, un sistema de machine learning puede analizar los datos históricos de producción y prever cuándo una máquina probablemente fallará, permitiendo a la fábrica realizar mantenimiento predictivo en lugar de reactivo. Esto no solo reduce los costos asociados con reparaciones inesperadas, sino que también asegura que la fábrica funcione a plena capacidad durante más tiempo.

Es importante, sin embargo, que la implementación sea gradual. La digitalización debe ser una serie de pasos meditados, comenzando con un piloto pequeño en una parte de la cadena de producción antes de expandirse a toda la operación.

Caso 3: La institución financiera frente al desafío del cliente digital

Un banco regional ha dominado su mercado local durante años, pero está comenzando a perder clientes a manos de fintechs más ágiles que ofrecen experiencias completamente digitales y personalizadas. La dirección del banco está preocupada. No pueden entender por qué los clientes de toda la vida están abandonando su servicio tradicional y optando por empresas tecnológicas que ni siquiera tienen oficinas físicas.

Reflexión junto al lector:

Este caso resalta uno de los mayores desafíos en la transformación digital: la necesidad de comprender que los clientes están cambiando, y con ellos sus expectativas. Los bancos tradicionales enfrentan el dilema de cómo ofrecer la cercanía y la confianza que siempre han proporcionado, mientras adoptan soluciones digitales que sean atractivas para las nuevas generaciones.

Solución:

La clave está en utilizar la IA y el machine learning para crear una experiencia bancaria personalizada y fluida. El banco puede implementar chatbots impulsados por IA que ofrezcan atención al cliente instantánea y disponible 24/7. Además, al analizar los datos de transacciones de los clientes con ML, pueden anticipar las necesidades financieras de sus clientes y ofrecer productos y servicios en el momento adecuado.

El reto no es solo implementar nuevas tecnologías, sino hacerlo de manera que se mantenga la confianza de los clientes tradicionales. La integración de IA debe venir acompañada de una estrategia de comunicación que eduque a los clientes sobre los beneficios de estas herramientas y cómo mejorarán su experiencia sin eliminar el toque humano que tanto valoran.

Caso 4: La pyme en apuros frente a la competencia digital

Una pequeña empresa familiar, dedicada a la venta de productos artesanales, ha logrado subsistir durante años gracias a su leal base de clientes locales. Sin embargo, en los últimos tiempos, la empresa ha enfrentado dificultades debido a la competencia de negocios en línea que pueden ofrecer productos similares a precios más bajos y con una mayor visibilidad en plataformas como Amazon y Etsy.

El dueño, que ha dirigido la empresa por generaciones, se resiste a la idea de digitalizar su operación. Para él, la venta cara a cara es insustituible. No obstante, sus hijos, que han estado expuestos al mundo digital, le insisten en la necesidad de adoptar nuevas tecnologías para mantenerse competitivo.

Reflexión junto al lector:

Este es un escenario típico en muchas pequeñas y medianas empresas (pymes), donde los propietarios se enfrentan a la difícil decisión de cambiar un modelo de negocio que ha funcionado durante generaciones. La resistencia al cambio, el miedo a lo desconocido y la falta de conocimiento tecnológico suelen ser barreras significativas. ¿Cómo puede esta pequeña empresa transformar digitalmente su operación sin perder su identidad?

Solución:

La transformación digital no significa abandonar lo que hace que la empresa sea única, sino utilizar la tecnología para amplificar esas fortalezas. En este caso, la empresa podría integrar IA en su estrategia de ventas en línea, utilizando algoritmos de machine learning para analizar el comportamiento de los clientes y adaptar las ofertas de productos en su tienda online.

Además, la digitalización puede mejorar la eficiencia operativa. Por ejemplo, implementar una herramienta de gestión de inventario basada en machine learning podría ayudar a predecir la demanda de productos y optimizar el abastecimiento. Esto no solo reduce los costos, sino que también asegura que los productos estén disponibles cuando los clientes los necesitan.

Es importante que el proceso sea gradual y que el propietario vea la digitalización no como una amenaza a su modelo tradicional, sino como una forma de llevar su legado a nuevas alturas. Una tienda en línea, por ejemplo, podría ser vista como una extensión del negocio familiar, permitiendo que los clientes leales continúen comprando, pero ahora desde la comodidad de sus hogares.

Caso 5: El gigante farmacéutico frente a la era de los datos

Una de las empresas farmacéuticas más grandes del mundo está luchando con la gestión de datos. Con cientos de millones de registros médicos y datos de investigación almacenados, han llegado al punto en que sus sistemas actuales no pueden manejar la cantidad de información disponible. Las decisiones importantes, desde el desarrollo de nuevos fármacos hasta la optimización de los ensayos clínicos, están siendo ralentizadas debido a la ineficiencia en el análisis de datos.

Reflexión junto al lector:

Aquí, la problemática es clara: el volumen de datos que las empresas generan y almacenan hoy en día es inmenso, y sin las herramientas adecuadas, esos datos pierden valor. ¿Cómo puede una empresa farmacéutica de esta magnitud implementar una solución basada en IA y machine learning que les permita extraer insights valiosos y acelerar su proceso de innovación?

Solución:

El uso de machine learning para gestionar y analizar grandes volúmenes de datos es una de las aplicaciones más efectivas de la IA en el entorno empresarial. La empresa puede implementar modelos de aprendizaje automático que analicen los datos clínicos y predigan la efectividad de nuevos medicamentos o identifiquen patrones ocultos en los ensayos clínicos. Esto no solo acelera el proceso de investigación, sino que también mejora la toma de decisiones al ofrecer información más precisa y procesable.

Implementar una estrategia de datos impulsada por IA también puede ayudar a la empresa a reducir costos operativos. Con modelos predictivos, pueden reducir el número de ensayos clínicos fallidos y enfocarse en aquellos que tienen mayor probabilidad de éxito, lo que resulta en un ahorro significativo de tiempo y recursos.

A lo largo de estos casos empresariales, hemos podido observar cómo la transformación digital, impulsada por la IA y el machine learning, no es solo una opción, sino una necesidad crítica para la supervivencia y el crecimiento en el mercado actual. Cada empresa, desde una pequeña pyme hasta un gigante global, se enfrenta a desafíos únicos en su camino hacia la digitalización. Pero lo que une a todas estas historias es la oportunidad: la oportunidad de innovar, mejorar y prosperar en un mundo cada vez más digital.

Ahora, la pregunta clave es: ¿Cómo responderás tú a esta revolución digital? ¿Qué pasos darás para transformar tu propia organización, ya sea pequeña o grande? La respuesta a esa pregunta definirá tu éxito en los años venideros.

Tendencia	Descripción	Impacto Principal	Ejemplos/Aplicaciones
Identificando las disrupciones antes de que sucedan	Aprovechamiento de tecnologías como IA y Big Data para predecir cambios en el mercado y las necesidades del cliente antes de que ocurran.	Mejora en la capacidad de respuesta empresarial, anticipación de disrupciones, y diseño de estrategias preventivas.	**Predictive Analytics** en la cadena de suministro, plataformas como **Gartner** o **Forrester** que anticipan tendencias de mercado.
Transformación digital: No solo una opción, sino una necesidad	Integración de tecnologías digitales en todos los aspectos de la organización para mejorar procesos, productos y experiencias de clientes.	Aumento en eficiencia, reducción de costos, creación de nuevos modelos de negocio y satisfacción del cliente.	Implementación de **ERP (Enterprise Resource Planning)**, transformación de procesos analógicos a digitales como en **banca, retail, salud**, etc.
IA, machine learning y su impacto en la gestión empresarial	La IA y el machine learning permiten automatizar tareas, optimizar procesos y mejorar la toma de decisiones basadas en datos masivos y análisis predictivo.	Mejora en la toma de decisiones, reducción de errores humanos, aumento de la productividad, y personalización en la experiencia del cliente.	**Chatbots** para atención al cliente (ej. **ChatGPT, Siri**), **AI-driven CRM** para ventas y marketing, **automatización de procesos** en manufactura o logística.

CAPÍTULO 3: ADAPTACIÓN RÁPIDA: ESTRATEGIAS PARA UN MUNDO IMPREDECIBLE

En un mundo caracterizado por cambios vertiginosos, disrupciones tecnológicas y una creciente incertidumbre, las organizaciones enfrentan un desafío sin precedentes: la necesidad de adaptarse rápidamente a un entorno en constante evolución.

La capacidad de anticiparse y responder proactivamente al cambio ya no es opcional; es esencial para la supervivencia y el éxito en el mercado. La resiliencia organizacional emerge como un concepto clave que permite a las empresas no solo resistir las adversidades, sino prosperar en medio de ellas. Este capítulo explora las estrategias prácticas y aplicables para desarrollar una capacidad interna que permita a las organizaciones mantenerse ágiles, flexibles y preparadas para el futuro.

La resiliencia organizacional no se trata únicamente de rebotar después de una crisis, sino de construir una estructura adaptable que identifique, analice y mitigue riesgos antes de que se conviertan en problemas críticos. En este sentido, la anticipación se convierte en un pilar estratégico fundamental, donde el liderazgo juega un rol crucial, fomentando una cultura de aprendizaje continuo, adaptabilidad y toma de decisiones informadas por datos.

La tecnología, en particular la inteligencia artificial y el análisis predictivo, juegan un papel central en la capacidad de una organización para predecir patrones de cambio, identificar tendencias emergentes y ajustar las operaciones de manera proactiva. Las organizaciones resilientes adoptan una mentalidad de mejora continua, buscando oportunidades de crecimiento incluso en tiempos de adversidad, lo que las posiciona para prosperar cuando otras pueden estar luchando por sobrevivir. A través de la diversificación, la innovación constante y una capacidad para pivotar rápidamente, estas organizaciones no solo navegan con éxito los desafíos, sino que también se convierten en líderes del cambio, marcando el camino hacia el futuro.

Este capítulo proporciona un enfoque detallado sobre cómo las empresas pueden integrar estos principios en sus operaciones diarias, transformando sus estructuras, procesos y culturas para ser más dinámicas y adaptables. Además, se explorarán estudios de caso de empresas que han implementado con éxito estrategias de resiliencia organizacional, demostrando que, independientemente del sector o tamaño, las organizaciones que adoptan un enfoque ágil y adaptativo están mejor posicionadas para gestionar la incertidumbre.

La clave está en una combinación de liderazgo visionario, tecnología avanzada, flexibilidad operativa y una cultura organizacional que valore la colaboración, la innovación y el aprendizaje continuo. En un mundo donde el cambio es la única constante, las organizaciones que pueden predecir, prepararse y reaccionar rápidamente a las fluctuaciones del mercado estarán en una posición privilegiada para no solo sobrevivir, sino también capitalizar las oportunidades que surgen en tiempos de incertidumbre.

En un mundo donde la incertidumbre parece ser la nueva norma, es probable que te hayas preguntado: ¿Cómo puede una empresa no solo sobrevivir, sino también prosperar en un entorno tan volátil? La respuesta está en un concepto clave que quizás hayas escuchado antes pero que, ahora más que nunca, es imprescindible: la agilidad empresarial. En este punto, te invito a reflexionar sobre lo que significa para tu propio contexto: ¿tu negocio, tu equipo, o incluso tu forma de liderar están adaptados para responder rápidamente a cambios repentinos? Si la respuesta es "sí, pero..." o "no lo sé", no te preocupes, porque en este recorrido vamos a explorar juntos cómo puedes transformar esa incertidumbre en una ventaja competitiva.

La agilidad empresarial no es solo una moda o una palabra de moda que escuchamos en reuniones de negocios; es una mentalidad y una práctica estratégica que diferencia a las empresas que luchan por mantenerse a flote de aquellas que aprovechan los cambios como una oportunidad de crecimiento. Pero, ¿qué significa realmente ser ágil en tiempos de incertidumbre? Imagina por un momento que tu empresa es un barco navegando en aguas impredecibles. No puedes controlar el clima ni las mareas, pero sí puedes asegurarte de que tu barco esté lo suficientemente preparado para enfrentar cualquier tormenta que se presente. Ser ágil implica tener una estructura flexible, adaptable y, sobre todo, rápida para ajustar el rumbo cuando sea necesario.

Aquí es donde entra en juego la creación de modelos flexibles. ¿Has pensado alguna vez en cómo podrías hacer que los procesos dentro de tu empresa sean más dinámicos y menos rígidos? La clave no está solo en innovar, sino en ser capaz de adaptar esas innovaciones al entorno cambiante al mismo tiempo. Un gran ejemplo lo podemos ver en empresas como Netflix, que comenzó como un simple servicio de alquiler de DVDs y, cuando vio que el mercado de streaming se volvía más relevante, rápidamente cambió su modelo de negocio. No solo se adaptó, sino que innovó al ofrecer contenido original, creando un modelo que se ajustaba a las nuevas necesidades de sus clientes mientras el mundo a su alrededor cambiaba.

Otro caso relevante es el de la empresa española Inditex, dueña de marcas como Zara, que ha perfeccionado la capacidad de adaptación y agilidad en su cadena de suministro. Mientras que otras compañías de moda planifican sus colecciones con meses o incluso un año de antelación, Inditex puede diseñar, producir y llevar nuevos productos a sus tiendas en tan solo semanas. Esto significa que pueden responder rápidamente a las tendencias emergentes y los cambios en el comportamiento de los consumidores, manteniendo su relevancia y competitividad. ¿Puedes imaginar cómo sería para tu empresa contar con esta flexibilidad, para lanzar productos o servicios en tiempo récord, alineados con lo que tus clientes desean en este momento?

La agilidad empresarial no se trata solo de responder rápidamente a las crisis, sino también de tener una visión a largo plazo. Tener un enfoque ágil te permite experimentar y pivotar sin miedo al fracaso, porque la rapidez con la que puedes corregir el rumbo hace que cada intento sea una lección más que una pérdida. Esto es especialmente importante en tiempos de incertidumbre, donde no existe una "hoja de ruta" clara para el éxito. Las empresas ágiles son aquellas que se sienten cómodas trabajando en este entorno impredecible, utilizando el cambio como una palanca para el crecimiento.

Ahora, quiero que pienses en cómo estos principios podrían aplicarse en tu entorno. ¿Podrías crear equipos más autónomos que tomen decisiones rápidas sin necesidad de una burocracia interminable? Empresas como Spotify han implementado lo que ellos llaman "squads" o equipos multidisciplinarios pequeños y autónomos que trabajan en proyectos específicos, lo que les permite moverse a la velocidad del rayo cuando surge una nueva oportunidad o cuando deben adaptarse rápidamente a un cambio en las preferencias de sus usuarios. ¿Qué tal si experimentaras con este tipo de organización dentro de tu negocio? Quizás podrías dividir a tu equipo en grupos más pequeños y permitirles que tomen decisiones rápidas basadas en datos en tiempo real, sin tener que pasar por largas reuniones o aprobaciones jerárquicas.

Innovar y adaptarse al mismo tiempo es una danza delicada, pero absolutamente posible si adoptas una mentalidad ágil. Una de las herramientas más útiles en este sentido es el uso de metodologías ágiles como Scrum, Kanban o Lean, que han demostrado ser extremadamente efectivas en la gestión de proyectos y en la optimización de procesos empresariales. Pero no te preocupes, no necesitas ser un experto en estas metodologías para comenzar a implementarlas. Lo más importante es entender el principio detrás de ellas: trabajar en ciclos cortos, obtener retroalimentación constante y estar dispuesto a ajustar el curso rápidamente si las circunstancias cambian.

Por ejemplo, imagina que estás desarrollando un nuevo producto o servicio en tu empresa. En lugar de dedicar meses a la planificación detallada y luego lanzar todo de una vez, podrías adoptar un enfoque más ágil. Esto podría significar lanzar una versión mínima viable (MVP) de tu producto o servicio, una versión básica pero funcional que te permita obtener retroalimentación rápida de tus clientes. Al hacerlo, puedes identificar lo que realmente funciona, lo que no, y ajustarlo en tiempo real. Este enfoque no solo te ahorra tiempo y recursos, sino que también te da una ventaja competitiva al poder adaptarte rápidamente a las necesidades del mercado.

Un ejemplo clásico de esta mentalidad es el lanzamiento del iPhone por parte de Apple. Si bien la primera versión del iPhone no era perfecta, se lanzó rápidamente y se fue mejorando con el tiempo a través de actualizaciones continuas y nuevas versiones. Apple no esperó a tener un producto "perfecto" antes de lanzarlo, y esta estrategia le permitió estar siempre un paso adelante en un mercado altamente competitivo. La lección aquí es clara: no esperes a que todo sea perfecto antes de actuar. Innovar y adaptar al mismo tiempo significa estar dispuesto a aprender mientras avanzas, mejorando y ajustando sobre la marcha.

Otro ejemplo interesante lo encontramos en la industria automotriz. Tesla, una empresa que no solo ha revolucionado el concepto de vehículos eléctricos, también ha adoptado una cultura de agilidad. Tesla no sigue el ciclo tradicional de producción de automóviles, que solía ser rígido y con actualizaciones de modelos cada año o más. En lugar de eso, la empresa constantemente mejora sus modelos mediante actualizaciones de software remotas, lo que permite a los conductores tener la última tecnología sin tener que comprar un auto nuevo. ¿Te imaginas cómo podrías aplicar un enfoque similar en tu propio negocio? Quizás podrías mejorar tu oferta de productos o servicios a través de pequeños ajustes incrementales basados en las tendencias y necesidades actuales de los clientes, sin esperar a un gran "rediseño".

A lo largo de este recorrido, hemos hablado de cómo la agilidad empresarial es clave en tiempos de incertidumbre. Pero también es importante reconocer que la agilidad no solo se aplica a las grandes empresas tecnológicas o disruptoras. De hecho, cualquier tipo de negocio, independientemente de su tamaño o industria, puede beneficiarse de ser más ágil. Tal vez en tu caso, ser más ágil signifique repensar cómo estructuras tu día a día, eliminando procesos que consumen demasiado tiempo y recursos, y enfocándote en lo que realmente genera valor.

Si te preguntas cómo empezar, una excelente manera es hacer un diagnóstico interno. Pregúntate: ¿Qué partes de mi negocio son más rígidas o menos adaptables? ¿Qué procesos podrían beneficiarse de un enfoque más ágil? Quizás descubras que algunas de las tareas administrativas podrían automatizarse, liberando a tu equipo para centrarse en áreas más estratégicas. O tal vez encuentres que tu proceso de toma de decisiones podría simplificarse para que tu empresa responda más rápidamente a los cambios del mercado.

En este punto, es crucial también involucrar a tu equipo. La agilidad empresarial no es solo responsabilidad del liderazgo, sino de toda la organización. Fomentar una cultura de colaboración, donde los empleados se sientan empoderados para tomar decisiones y proponer ideas innovadoras, es esencial para crear un entorno verdaderamente ágil. Las mejores ideas a menudo provienen de aquellos que están más cerca de los problemas, y darle a tu equipo la libertad de actuar de manera rápida y eficaz puede ser el motor que impulse a tu empresa hacia el éxito en tiempos de incertidumbre.

Además, no olvides el poder de la tecnología. En la actualidad, la agilidad empresarial está intrínsecamente ligada a la digitalización. Herramientas como la inteligencia artificial, el análisis de datos en tiempo real y la automatización de procesos no solo mejoran la eficiencia, sino que también te permiten ser más proactivo. La agilidad no solo se trata de reaccionar rápidamente cuando surge un problema, sino de anticipar los cambios antes de que ocurran. ¿Cómo? Usando datos para predecir tendencias del mercado, identificar comportamientos emergentes de los clientes y ajustar tu estrategia antes de que los competidores lo hagan. Empresas como Amazon han llevado este principio al extremo, utilizando inteligencia artificial y algoritmos predictivos para ajustar constantemente su inventario, precios y recomendaciones de productos, lo que les permite estar siempre un paso adelante en el mercado.

Por último, quiero dejarte con una idea poderosa: la agilidad empresarial no es solo una ventaja en tiempos de incertidumbre, es una necesidad. Las empresas que sobreviven y prosperan no son necesariamente las más grandes o las más fuertes, sino aquellas que pueden adaptarse más rápidamente al cambio. Y, lo más importante, la agilidad no es algo que se logra de la noche a la mañana; es una mentalidad que se cultiva a lo largo del tiempo. Comienza por hacer pequeños cambios, prueba nuevas ideas y, lo más importante, no tengas miedo de cometer errores. En el mundo empresarial, los errores no son fracasos si te llevan a descubrir un camino más rápido y eficiente hacia el éxito.

Así que te invito a que tomes acción hoy mismo. Revisa tus procesos, involucra a tu equipo, adopta la tecnología y experimenta con nuevas formas de hacer las cosas. Porque en un mundo impredecible, la agilidad es tu mejor aliado para transformar la incertidumbre en una oportunidad. ¿Estás listo para dar el siguiente paso hacia una mayor agilidad empresarial?

Aspecto Clave	Descripción	Ejemplo Práctico	Impacto Potencial
Modelo MVP (Producto Mínimo Viable)	Lanzar una versión básica de un producto o servicio para obtener retroalimentación rápida.	Apple lanzó el primer iPhone imperfecto, pero fue mejorado continuamente con actualizaciones.	Reducción de costos y tiempo, respuesta rápida a las necesidades del cliente, ventaja competitiva en el mercado.
Iteración continua	Mejora constante basada en retroalimentación y ajustes en tiempo real.	Tesla actualiza sus automóviles mediante software, mejorando la tecnología sin necesidad de nuevos lanzamientos.	Innovación constante, fidelización del cliente, capacidad para reaccionar rápidamente a los cambios tecnológicos.
Adaptabilidad en el desarrollo de productos	Ajustar la oferta basándose en tendencias del mercado y retroalimentación de los clientes.	Startups que ajustan sus productos según las necesidades del consumidor (ej. servicios de suscripción).	Mayor relevancia de mercado, mejor satisfacción del cliente, rápida adaptación a cambios en las preferencias del mercado.
Cultura organizacional ágil	Involucrar a todo el equipo en la toma de decisiones rápidas y en la innovación.	Empresas que fomentan la colaboración y empoderan a sus empleados para	Aumento en la moral del equipo, mayor capacidad de innovación, aceleración en la

		implementar soluciones innovadoras.	toma de decisiones estratégicas.
Uso de tecnología y digitalización	Implementar herramientas tecnológicas como IA, automatización y análisis de datos para anticipar el cambio.	Amazon usa algoritmos predictivos para gestionar inventario y precios en tiempo real.	Mayor eficiencia operativa, capacidad de prever tendencias de mercado, optimización de costos y recursos.
Ciclos cortos de desarrollo	Trabajar en plazos más cortos para probar ideas y obtener resultados rápidos.	Metodologías como Scrum o Kanban permiten iteraciones rápidas y mejoras constantes en proyectos complejos.	Aumento de la velocidad de innovación, mejor control sobre los riesgos, capacidad de ajuste rápido en productos o servicios.
Empoderamiento del equipo	Dar a los empleados la libertad de actuar y proponer soluciones innovadoras.	Empresas tecnológicas como Google fomentan el 20% del tiempo de trabajo en proyectos propios de los empleados.	Incremento en la creatividad y productividad, mayor retención de talento, soluciones novedosas a problemas recurrentes.
Mentalidad de prueba y error	Estar dispuesto a aprender de los errores y ajustar rápidamente.	Empresas que lanzan productos o características en fase beta para	Reducción de riesgos a largo plazo, aprendizaje organizacional,

		probar con un grupo reducido de usuarios.	optimización en el desarrollo de productos y servicios.
Anticipación de cambios mediante datos	Usar análisis predictivo para ajustar la estrategia antes de que ocurran grandes cambios en el mercado.	Grandes minoristas ajustan el inventario y campañas publicitarias basados en análisis de tendencias de consumo.	Preparación ante disrupciones, reducción de pérdidas por cambios inesperados, capacidad de aprovechar nuevas oportunidades.

CAPÍTULO 4: SIMULACIONES PREDICTIVAS Y TOMA DE DECISIONES EN TIEMPO REAL

Caso de Estudio: InnovateX, una Corporación Global de Tecnología en Transformación

InnovateX es una corporación global líder en tecnología que ha experimentado un crecimiento exponencial en los últimos años, gracias a sus avances en inteligencia artificial (IA), internet de las cosas (IoT) y soluciones de big data. Sin embargo, al igual que muchas empresas que buscan mantenerse a la vanguardia en un entorno global cambiante, InnovateX se enfrenta a desafíos estratégicos relacionados con la precisión en la toma de decisiones, especialmente en un mercado en constante evolución.

Recientemente, el CEO de InnovateX, Clara Meyer, ha lanzado un ambicioso plan de expansión para los próximos cinco años, que implica la entrada en mercados emergentes, el desarrollo de productos innovadores basados en IA, y la adquisición de varias startups tecnológicas clave. Con el fin de minimizar riesgos y maximizar las oportunidades, Clara ha decidido implementar simulaciones predictivas avanzadas y tomar decisiones en tiempo real basadas en los datos generados por estas simulaciones. Sin embargo, el equipo directivo de InnovateX enfrenta varios retos cruciales:

El Desafío: Equilibrar la Velocidad y Precisión en la Toma de Decisiones

El objetivo principal del equipo directivo es tomar decisiones estratégicas rápidas sin comprometer la precisión. En los últimos trimestres, InnovateX ha notado que sus competidores están siendo más ágiles en el lanzamiento de productos y en la adopción de nuevas tecnologías. Clara ha observado que algunas decisiones clave dentro de InnovateX tardan demasiado en implementarse, lo que podría costar millones de dólares en oportunidades perdidas. Para resolver este problema, ha decidido que la mejor solución es adoptar un enfoque basado en simulaciones predictivas y datos en tiempo real, lo que debería permitirles proyectar con precisión posibles resultados y tomar decisiones inmediatas basadas en escenarios simulados.

Sin embargo, el reto no es tan simple como parece. Clara y su equipo se encuentran con una serie de preguntas cruciales que necesitan resolver:

- ¿Cómo equilibrar la precisión de las predicciones con la velocidad necesaria para tomar decisiones rápidas en un entorno tan volátil?

- ¿Qué herramientas de simulación predictiva deberían adoptar para mejorar la toma de decisiones?

- ¿Cómo gestionar grandes volúmenes de datos sin que la complejidad abrume al equipo?

- ¿Cómo evitar caer en la "parálisis por análisis" y asegurar que las simulaciones predictivas no retrasen las decisiones críticas?

- ¿Cómo pueden asegurar que las decisiones tomadas basadas en simulaciones sean las más efectivas para todos los mercados globales donde InnovateX opera?

Escenario 1: Expansión en Mercados Emergentes

Uno de los principales focos de InnovateX es la expansión a mercados emergentes, especialmente en regiones como el sudeste asiático y África. La compañía ha identificado varias oportunidades en estos mercados, incluyendo la adopción masiva de dispositivos conectados y la creciente necesidad de infraestructuras tecnológicas. Sin embargo, los riesgos son igualmente significativos: fluctuaciones monetarias, inestabilidad política y una regulación incierta.

Clara ha solicitado a su equipo de análisis que implemente simulaciones predictivas para evaluar el impacto de varios factores clave en su decisión de inversión en mercados emergentes. Entre los factores que deben considerar están:

1. Regulaciones cambiantes: Los gobiernos de estos países están adoptando nuevas normativas para la tecnología. El equipo de InnovateX necesita predecir cómo los cambios regulatorios pueden afectar a sus operaciones. ¿Podrían estas regulaciones restringir la expansión? ¿Qué sucederá si los aranceles sobre productos tecnológicos aumentan?

2. Volatilidad de la moneda: Algunos de estos mercados emergentes han experimentado fuertes fluctuaciones monetarias en los últimos años. Clara quiere entender cómo estas fluctuaciones pueden afectar la rentabilidad de la inversión en el largo plazo y si es necesario tomar medidas de cobertura.

3. Competencia local: InnovateX no es el único actor que busca expandirse en estos mercados. Varias empresas locales ya están ofreciendo soluciones tecnológicas similares. Clara quiere prever cómo estas empresas podrían reaccionar a la entrada de InnovateX y si será necesario ajustar los precios o las estrategias de marketing.

Escenario 2: Desarrollo de Nuevos Productos Basados en IA

InnovateX está a punto de lanzar una nueva línea de productos basados en IA, que incluye soluciones de automatización para fábricas y sistemas avanzados de seguridad para empresas. Estos productos han generado mucha expectación en el mercado, pero también han atraído la atención de la competencia.

Para Clara, es esencial que el equipo de desarrollo de productos tome decisiones basadas en predicciones precisas sobre las tendencias del mercado. Las preguntas que enfrentan incluyen:

1. Demanda del cliente: ¿Cómo pueden predecir con precisión qué funciones serán más valoradas por los clientes? El equipo ha recopilado grandes cantidades de datos a través de encuestas y estudios de mercado, pero Clara quiere que las simulaciones predictivas les den una ventaja competitiva. ¿Qué características deberían priorizar en el desarrollo del producto?

2. Ciclo de vida del producto: InnovateX sabe que la tecnología avanza rápidamente, por lo que la ventana de oportunidad para ciertos productos podría ser limitada. ¿Cuánto tiempo tiene InnovateX antes de que los competidores lancen productos similares? Las simulaciones predictivas pueden ayudar a proyectar el ciclo de vida del producto y guiar las decisiones sobre la inversión en investigación y desarrollo.

3. Adopción tecnológica: Clara está particularmente interesada en cómo las empresas en diferentes regiones adoptarán la tecnología de IA. Algunos mercados, como Estados Unidos y Europa, ya están en una fase avanzada de adopción, mientras que otros, como América Latina y África, están rezagados. ¿Cómo pueden ajustar su estrategia de lanzamiento global para maximizar la penetración de mercado?

Escenario 3: Adquisición de Startups Tecnológicas

Una de las estrategias más agresivas de InnovateX es la adquisición de startups tecnológicas que tienen el potencial de acelerar su crecimiento en áreas clave, como la ciberseguridad y la inteligencia artificial. No obstante, la adquisición de startups conlleva riesgos significativos: integración cultural, sobreestimación del valor de la tecnología adquirida y la rápida obsolescencia de la innovación.

Para Clara y su equipo, la simulación predictiva puede ofrecer una visión mucho más clara de qué startups representan las mejores oportunidades de inversión. Las preguntas que deben considerar son:

1. Valor de la tecnología: ¿Cómo pueden predecir qué tecnologías emergentes mantendrán su relevancia en el futuro? Las simulaciones pueden proyectar la adopción tecnológica en diferentes industrias y ayudar a Clara a decidir qué startups adquirir.

2. Riesgo de integración: La integración de las startups adquiridas con las operaciones de InnovateX no es un proceso sencillo. Las simulaciones podrían modelar diferentes escenarios de integración y ayudar a identificar posibles problemas antes de que surjan.

3. Competencia en el mercado de adquisiciones: InnovateX no es la única empresa interesada en adquirir startups tecnológicas. Varios de sus competidores también buscan adquirir innovaciones prometedoras. Clara quiere anticipar los movimientos de la

competencia para asegurarse de que InnovateX pueda asegurar las adquisiciones más estratégicas.

El Dilema del Equipo Directivo

Clara ha reunido a su equipo directivo para discutir los resultados de las simulaciones predictivas y tomar decisiones finales sobre los tres escenarios clave. El equipo presenta varias conclusiones:

- Precisión versus Velocidad: Las simulaciones ofrecen predicciones precisas, pero en algunos casos, estas requieren tiempo para ser analizadas y evaluadas. El equipo se enfrenta a una decisión crucial: ¿Deberían sacrificar algo de precisión para tomar decisiones más rápidas en mercados emergentes o esperar a tener toda la información, aunque esto pueda retrasar su entrada al mercado?

- Big Data y Sobrecarga de Información: Aunque las simulaciones han proporcionado un enorme volumen de datos, el equipo directivo se siente abrumado por la cantidad de información. ¿Cómo pueden filtrar los datos más relevantes sin perderse detalles críticos?

- Simulaciones vs. Experiencia Humana: Algunos miembros del equipo sugieren que la experiencia humana es irremplazable y que, a pesar de las simulaciones, las decisiones finales deben basarse en la intuición y el juicio. ¿Cómo deberían equilibrar las simulaciones predictivas con la experiencia y la intuición del equipo?

Tu Desafío

Tú, como lector, ahora estás en la posición del equipo directivo de InnovateX. Debes tomar una decisión crítica para resolver este caso.

Preguntas a considerar:

1. ¿Cómo priorizarías los diferentes factores para decidir la entrada en mercados emergentes?

2. ¿Qué decisiones tomarías sobre el desarrollo de los productos basados en IA, y cómo podrías acelerar el lanzamiento sin comprometer la calidad?

3. ¿Cuáles son las startups tecnológicas que deberían ser adquiridas, y cómo minimizarías los riesgos asociados a la integración?

Utiliza las herramientas de simulación predictiva, pero recuerda que las decisiones empresariales requieren tanto datos como estrategia humana. ¿Estás listo para llevar a InnovateX al siguiente nivel?

Inteligencia Artificial y Simulaciones Dinámicas: El Futuro de las Decisiones Empresariales

La revolución tecnológica ha transformado la manera en que las empresas toman decisiones. Entre las herramientas más poderosas para liderar este cambio está la inteligencia artificial (IA) y las simulaciones dinámicas. Estas tecnologías están impulsando una nueva era en la toma de decisiones empresariales, ofreciendo una capacidad sin precedentes para prever escenarios futuros, modelar situaciones complejas y mejorar la precisión en cada elección estratégica. Hoy, más que nunca, los líderes empresariales tienen acceso a soluciones que antes parecían inalcanzables: una inteligencia basada en datos que puede optimizar procesos, prever crisis y guiar a las empresas hacia el éxito. Sin embargo, la verdadera clave está en cómo los líderes integran estas simulaciones en sus procesos diarios y los utilizan para transformar sus organizaciones.

Simulaciones Dinámicas y IA: Una Nueva Frontera en la Gestión Empresarial

Las simulaciones dinámicas permiten a las empresas modelar escenarios complejos, proyectar resultados a largo plazo y ajustar decisiones sobre la marcha con base en datos actualizados en tiempo real. A diferencia de las simulaciones tradicionales, que solo contemplan variables estáticas, las simulaciones dinámicas son capaces de adaptarse a cambios constantes, considerando múltiples factores simultáneamente. Esto significa que las empresas pueden prever cómo una pequeña alteración en una variable —como el cambio en el comportamiento del consumidor o una fluctuación en el mercado— puede tener un impacto en cascada en otras áreas.

Un ejemplo de esto es lo que ocurrió en General Electric (GE). En 2017, GE implementó un sistema de simulación dinámica para mejorar sus operaciones de manufactura. Utilizando IA y simulaciones, pudieron optimizar el uso de maquinaria y prever fallos antes de que ocurrieran, lo que redujo significativamente los tiempos de inactividad. Las simulaciones tomaban en cuenta variables como el desgaste de las piezas, las condiciones ambientales y las demandas del mercado para predecir cuándo era más probable que se produjeran fallos o necesidades de mantenimiento. En lugar de esperar a que ocurriera un problema, GE adoptó un enfoque proactivo, lo que les permitió ahorrar millones de dólares en costos de mantenimiento y aumentar la productividad.

Integrando Simulaciones en la Toma de Decisiones Diaria

La integración de simulaciones dinámicas en los procesos diarios no solo mejora la precisión, sino que también permite a los líderes empresariales tomar decisiones más rápidas y fundamentadas. Pero, ¿cómo pueden los líderes empresariales incorporar de manera efectiva estas tecnologías en su día a día?

1. Identificación de áreas clave: El primer paso es identificar las áreas críticas donde las simulaciones dinámicas pueden agregar más valor. Esto podría incluir decisiones relacionadas con la gestión de la cadena de suministro, desarrollo de productos, expansión a nuevos mercados o optimización de recursos. Las simulaciones permiten a los líderes

evaluar distintos escenarios para ver qué sucederá bajo condiciones específicas y, por lo tanto, reducir la incertidumbre.

2. Desarrollo de una cultura basada en datos: La implementación de simulaciones requiere que las organizaciones se vuelvan más data-driven. Los líderes deben fomentar una cultura que valore el análisis de datos y la previsión, en lugar de depender exclusivamente de la intuición o la experiencia. Las decisiones respaldadas por simulaciones se basan en una comprensión profunda de los datos, lo que requiere capacitación constante y el desarrollo de competencias analíticas en todos los niveles.

3. Colaboración entre humanos e IA: Uno de los errores comunes al adoptar simulaciones y IA es suponer que las máquinas reemplazarán a los humanos. En realidad, el verdadero poder surge cuando los líderes y sus equipos colaboran con estas tecnologías. La IA puede analizar grandes cantidades de datos y ofrecer predicciones precisas, pero los líderes deben interpretar estos resultados dentro del contexto de su industria y tomar decisiones estratégicas informadas.

Un Caso del Mundo Real: Walmart y las Simulaciones en la Cadena de Suministro

Uno de los mejores ejemplos del uso de simulaciones dinámicas y IA en la gestión empresarial viene de Walmart, el gigante minorista global. Walmart se enfrenta al reto diario de gestionar una de las cadenas de suministro más complejas del mundo, con millones de productos moviéndose en tiempo real a través de sus tiendas y centros de distribución. Para optimizar este proceso, la compañía ha integrado simulaciones dinámicas que les permiten prever cómo pequeños cambios en las decisiones de inventario o transporte pueden tener un impacto en toda la cadena de suministro.

Por ejemplo, en un caso de estudio reciente, Walmart enfrentaba un desafío durante la temporada de huracanes. Sabían que las interrupciones climáticas podrían afectar la disponibilidad de productos esenciales en ciertas regiones. Utilizando simulaciones, la empresa modeló varios escenarios basados en diferentes trayectorias de tormentas, la disponibilidad de transporte y la demanda esperada de los consumidores. Esto les permitió ajustar sus decisiones logísticas en tiempo real y garantizar que los productos críticos, como alimentos y suministros de emergencia, estuvieran disponibles en las tiendas afectadas antes y después del impacto de los huracanes.

Estas simulaciones también ayudaron a Walmart a evitar el exceso de inventario en áreas que no se verían afectadas, lo que optimizó su flujo de caja y mejoró la eficiencia operativa. Este tipo de decisiones rápidas y precisas no habrían sido posibles sin la capacidad de modelar múltiples variables y simular escenarios en tiempo real.

El Impacto de las Simulaciones en la Innovación de Productos

Otro campo donde las simulaciones dinámicas están transformando la gestión empresarial es en el desarrollo de productos. En un entorno cada vez más competitivo, las empresas no pueden permitirse errores costosos en la fase de diseño o lanzamiento de un producto. Aquí es donde las simulaciones pueden marcar una gran diferencia.

Un ejemplo de éxito viene de Procter & Gamble (P&G). P&G utilizó simulaciones para desarrollar un nuevo producto de cuidado personal. Antes de invertir millones de dólares en la fabricación, utilizaron simulaciones para probar cómo el producto reaccionaría en diferentes condiciones de uso, cómo responderían los consumidores y cuál sería el impacto en la rentabilidad. Las simulaciones les permitieron detectar problemas potenciales en la fase de diseño y ajustar la formulación del producto antes de llevarlo al mercado.

Gracias a estas simulaciones, P&G pudo reducir el tiempo de desarrollo del producto en un 30% y lanzar un producto más afinado, con menos riesgo de fallos. Este enfoque no solo mejoró la eficiencia operativa, sino que también permitió a P&G reaccionar más rápidamente a las tendencias del mercado y satisfacer mejor las necesidades de los consumidores.

El Futuro de la Toma de Decisiones Basada en Simulaciones

Mirando hacia el futuro, es evidente que las simulaciones dinámicas y la IA se convertirán en herramientas indispensables para las empresas de todas las industrias. A medida que la tecnología avance, veremos simulaciones cada vez más sofisticadas, capaces de prever no solo resultados individuales, sino también el impacto de decisiones interrelacionadas en toda la empresa. Las empresas que adopten estas tecnologías estarán mejor preparadas para enfrentar los desafíos del futuro y aprovechar las oportunidades emergentes.

Un área en la que se espera una mayor adopción de simulaciones es la gestión del talento humano. En un entorno empresarial cada vez más global y diverso, las empresas están empezando a utilizar simulaciones para modelar diferentes escenarios de gestión de recursos humanos. Por ejemplo, utilizando simulaciones, las empresas pueden prever cómo el cambio en las políticas laborales o la implementación de nuevas tecnologías afectará a la moral de los empleados, la productividad y el rendimiento general. Además, pueden modelar escenarios para atraer y retener talento, ajustando las ofertas de beneficios o las estrategias de desarrollo profesional basadas en las necesidades de los empleados.

Cómo los Líderes Pueden Incorporar Simulaciones en su Estrategia

Para que los líderes puedan aprovechar al máximo las simulaciones dinámicas y la IA, es crucial que sigan ciertos pasos clave:

1. Capacitación y desarrollo: Los líderes deben asegurarse de que ellos y sus equipos estén capacitados en el uso de estas tecnologías. No basta con adquirir las herramientas; es necesario invertir en el desarrollo de habilidades para interpretar los datos y tomar decisiones estratégicas.

2. Adoptar un enfoque iterativo: Las simulaciones dinámicas no deben verse como una solución única. Los líderes deben estar dispuestos a ajustar sus modelos a medida que surgen nuevos datos y situaciones. El valor real de las simulaciones radica en su capacidad para adaptarse y evolucionar con el tiempo.

3. Fomentar la colaboración: Aunque la IA y las simulaciones pueden realizar análisis complejos, la experiencia humana sigue siendo indispensable. Los líderes deben fomentar la colaboración entre los equipos técnicos y los responsables de la toma de decisiones estratégicas para que ambos puedan aprovechar al máximo los resultados.

El futuro de las decisiones empresariales está siendo impulsado por la inteligencia artificial y las simulaciones dinámicas. Empresas como GE, Walmart y P&G ya están cosechando los beneficios de estas tecnologías al mejorar la precisión y velocidad de sus decisiones. Sin embargo, el verdadero desafío para los líderes empresariales será cómo integrar estas herramientas en los procesos diarios, adoptando una mentalidad basada en datos y fomentando la colaboración entre humanos e IA. A medida que las simulaciones continúan evolucionando, aquellos que las adopten estarán mejor equipados para enfrentar un mundo empresarial en constante cambio, tomando decisiones más inteligentes, rápidas y eficaces.

Tendencia	Descripción	Impacto en Empresas	Ejemplo Real	Resultado
Simulaciones Dinámicas en Manufactura	Optimización del uso de maquinaria y predicción de fallos a través de simulaciones dinámicas basadas en IA.	Aumento de la productividad y reducción de costos.	General Electric (GE)	Ahorro de millones en costos de mantenimiento.
Optimización de la Cadena de Suministro con IA	Uso de simulaciones para prever y ajustar operaciones logísticas en tiempo real.	Mejora en la disponibilidad de productos y optimización de inventarios.	Walmart	Disponibilidad de productos críticos durante crisis (huracanes).
Desarrollo de Productos Basado en Simulaciones	Reducción de tiempos de desarrollo y optimización del producto mediante simulaciones previas al lanzamiento.	Mayor eficiencia en el lanzamiento de productos y reducción del riesgo de fallos.	Procter & Gamble (P&G)	Reducción del tiempo de desarrollo en un 30%.
Adopción de IA para la Toma de Decisiones Estratégicas	Colaboración entre humanos e IA para analizar datos y tomar decisiones rápidas y precisas.	Decisiones más rápidas y con mayor precisión en tiempos de incertidumbre.	Varias industrias	Mejora en la toma de decisiones estratégicas.

Uso de Simulaciones en la Gestión del Talento	Simulaciones para prever el impacto de cambios en políticas laborales o implementaciones tecnológicas sobre la moral y productividad.	Retención y atracción de talento más eficaz, mejora en la productividad.	Sin ejemplos específicos actuales	Mejora en la retención y productividad del talento.
Integración de Simulaciones en la Cultura Empresarial	Fomento de una cultura orientada a la toma de decisiones basada en datos y predicciones.	Mejora en la adaptabilidad de la empresa a cambios del mercado.	General Electric (GE), Walmart, P&G	Mayor precisión y velocidad en la toma de decisiones.
Iteración Continua en la Estrategia de Simulación	Ajustes continuos en los modelos de simulación con base en nuevos datos y condiciones del mercado.	Capacidad de adaptación rápida a cambios en tiempo real.	Empresas de alta innovación	Modelos de simulación adaptativos y en constante mejora.

CAPÍTULO 5: EL FUTURO DE LA GESTIÓN EMPRESARIAL: INNOVACIÓN CONTINUA

El Poder de la Innovación Continua

En el entorno empresarial actual, la innovación no es un evento puntual, sino un proceso continuo que define el éxito a largo plazo. Las organizaciones que se adaptan y anticipan las tendencias emergentes se posicionan para liderar el futuro. Este capítulo explora la importancia de la simulación y otras herramientas de gestión que impulsan la innovación, manteniendo a las empresas en la vanguardia de sus industrias.

Tendencias emergentes en simulación y gestión empresarial: Las empresas del futuro utilizarán simulaciones avanzadas, inteligencia artificial (IA), y análisis de datos para prever escenarios, tomar decisiones más inteligentes, y gestionar recursos de manera óptima. Te invitamos a resolver estos tres casos para visualizar cómo la innovación continua transformará la gestión empresarial.

Caso 1: Simulación de Escenarios para la Gestión de Recursos Humanos

Situación:

Estás al mando de una multinacional tecnológica con más de 10,000 empleados en 30 países. La empresa ha experimentado un rápido crecimiento y está enfrentando desafíos en la gestión de talento. Hay una rotación alta en algunas regiones clave, la satisfacción laboral está cayendo, y el equipo de recursos humanos (RR.HH.) tiene dificultades para retener el talento, especialmente en roles técnicos críticos.

Recientemente, la empresa ha implementado un sistema de simulación basado en IA que permite modelar diferentes escenarios en la gestión de talento, desde políticas de compensación hasta cambios en la cultura organizacional. Puedes utilizar estos modelos para prever el impacto de distintas decisiones estratégicas en el futuro de la empresa.

Desafío:

Tu tarea es aprovechar esta plataforma de simulación para diseñar una estrategia de retención de talento a largo plazo. Considera los siguientes puntos:

1. Escenarios: Diseña tres escenarios simulados. El primero se centra en aumentar los beneficios a los empleados, el segundo en la inversión en programas de desarrollo profesional y el tercero en el rediseño de la estructura organizativa para promover una mayor flexibilidad y trabajo remoto.

2. Resultados proyectados: Evalúa el impacto de cada escenario en los próximos 5 años. ¿Cómo afectará cada estrategia a la retención de empleados, la productividad, y los costos operativos?

3. Elección final: Con base en los resultados de las simulaciones, elige una estrategia o combina elementos de diferentes escenarios para crear la mejor solución. Explica por qué esta solución es la más adecuada para garantizar la retención de talento en un entorno laboral en constante evolución.

Objetivo del caso:

El lector debe aprender a utilizar la simulación para tomar decisiones estratégicas en la gestión de talento, considerando factores como la rotación, la cultura organizacional y los costos. La solución elegida debe ser escalable y adaptable a las tendencias futuras.

Caso 2: Gestión de la Cadena de Suministro en un Mundo Volátil

Situación:

Eres el director de operaciones de una empresa manufacturera global que produce componentes clave para la industria automotriz. La empresa enfrenta una situación crítica debido a las interrupciones en la cadena de suministro global causadas por factores como el cambio climático, pandemias, y conflictos geopolíticos. Estas interrupciones han afectado la entrega de materias primas y componentes clave, lo que ha resultado en retrasos, pérdidas económicas y daños a la reputación.

Para abordar esta crisis, la empresa ha implementado una plataforma de simulación avanzada que modela diferentes riesgos en la cadena de suministro y sugiere estrategias para mitigar los efectos de estas interrupciones. Esta herramienta incluye variables como disponibilidad de recursos, costos, transporte, y restricciones geopolíticas.

Desafío:

Usa la plataforma de simulación para diseñar una estrategia resiliente de la cadena de suministro que sea adaptable y flexible en tiempos de crisis. Considera lo siguiente:

1. Escenarios: Modela tres escenarios de interrupciones. El primero se basa en una escasez global de materias primas, el segundo en restricciones comerciales impuestas por tensiones geopolíticas, y el tercero en eventos climáticos extremos que afectan el transporte global.

2. Medidas de mitigación: Propón estrategias para cada escenario, como diversificación de proveedores, fabricación local, inversiones en tecnología de inventario automatizado, y alianzas con redes logísticas regionales.

3. Impacto a largo plazo: Evalúa el costo de implementar estas soluciones, pero también el impacto positivo en la continuidad del negocio y la reputación de la empresa.

Objetivo del caso:

El lector debe aprender cómo utilizar la simulación para crear cadenas de suministro resilientes en un mundo incierto, utilizando la innovación para prever y mitigar riesgos antes de que estos afecten a la empresa. Se busca una solución que combine flexibilidad, sostenibilidad y optimización de costos.

Caso 3: Innovación Continua en la Transformación Digital

Situación:

Como CEO de una startup de rápido crecimiento en el sector de comercio electrónico, tu mayor reto es cómo mantener la innovación continua en un entorno tan dinámico. La empresa ya ha adoptado plataformas de IA para personalizar la experiencia de los clientes, pero los competidores están lanzando constantemente nuevas características y tecnologías disruptivas. La presión es alta para innovar sin perder la eficiencia operativa.

Has decidido implementar un sistema de simulación que permite probar nuevos modelos de negocio, productos y servicios antes de su lanzamiento. La plataforma te ayudará a evaluar cómo diferentes innovaciones impactarán en el rendimiento de la empresa, las finanzas y la satisfacción del cliente. Puedes probar desde nuevos algoritmos de personalización hasta la introducción de canales de venta innovadores, como el metaverso o la realidad aumentada (RA).

Desafío:

Crea una estrategia de innovación continua utilizando la plataforma de simulación para identificar las mejores oportunidades de crecimiento. Tus tareas incluyen:

1. Escenarios de innovación: Simula tres innovaciones potenciales: (a) Implementación de realidad aumentada para mejorar la experiencia de compra online, (b) uso de algoritmos de IA para anticipar tendencias de consumo, y (c) integración de plataformas de ventas en el metaverso.

2. Evaluación de riesgos y beneficios: Para cada innovación, evalúa los beneficios potenciales, como el aumento de ventas, el engagement del cliente, y la retención. A la vez, considera los riesgos, como los costos de implementación, la resistencia del mercado o la curva de aprendizaje para los usuarios.

3. Estrategia final: Basándote en los resultados de las simulaciones, elige una innovación o una combinación de ellas para implementar. Explica cómo esta estrategia garantizará que la empresa mantenga su ventaja competitiva y esté preparada para el futuro.

Objetivo del caso:

El lector debe aprender cómo utilizar simulaciones para impulsar la innovación continua en el contexto de la transformación digital. La solución debe tener en cuenta tanto el potencial disruptivo de las nuevas tecnologías como la necesidad de mantener la eficiencia y la rentabilidad.

A través de estos casos, los lectores habrán explorado cómo las tendencias emergentes en simulación y tecnología pueden transformar la gestión empresarial. La innovación continua no es una opción, sino una necesidad para mantenerse competitivo en un mundo en constante cambio. Cada desafío resuelto refuerza la idea de que el futuro de la gestión no solo dependerá de reaccionar ante los cambios, sino de anticiparlos y modelar el camino hacia el éxito empresarial.

Innovar Constantemente: El Camino hacia el Liderazgo Empresarial

En el vertiginoso entorno empresarial del siglo XXI, la capacidad de innovar constantemente ya no es una ventaja competitiva opcional; es una necesidad para sobrevivir. Las empresas que no abrazan la innovación se arriesgan a quedar rezagadas en un mercado donde los cambios tecnológicos y las expectativas de los clientes evolucionan a un ritmo sin precedentes. Sin embargo, la innovación no debe ser vista únicamente como la introducción de nuevos productos o servicios, sino como una mentalidad que permea todos los aspectos de la organización, desde la cultura empresarial hasta la gestión de operaciones.

La innovación continua es el núcleo de las empresas líderes. Compañías como Amazon, Tesla y Google no alcanzaron su estatus de gigantes globales solo por sus productos iniciales, sino por su compromiso con la mejora y el avance constante. El verdadero liderazgo empresarial surge cuando la organización tiene la capacidad de adaptarse, aprender de sus fracasos y evolucionar hacia nuevas direcciones. A continuación, exploraremos por qué la innovación es esencial para el liderazgo empresarial y cómo las empresas pueden adoptar una estrategia de adaptación, aprendizaje y evolución para prepararse para lo que viene.

El Proceso de Innovación Continua

Innovar constantemente implica un ciclo interminable de prueba y mejora. Este proceso no se limita a los departamentos de investigación y desarrollo (I+D); debe ser adoptado por toda la empresa. Desde la forma en que una empresa interactúa con sus clientes, hasta cómo organiza sus procesos internos, la innovación debe ser el corazón de la estrategia empresarial.

1. La cultura de la innovación

Las empresas líderes fomentan una cultura de innovación. Esto significa crear un entorno donde los empleados no solo estén motivados para proponer nuevas ideas, sino que también se sientan seguros de asumir riesgos y fracasar. El fracaso debe ser visto como una oportunidad para aprender, no como un motivo de castigo.

Muchas empresas exitosas han adoptado metodologías ágiles, que fomentan la iteración rápida, la experimentación y la retroalimentación constante. Estos enfoques permiten que las empresas implementen cambios incrementales de manera continua, en lugar de esperar grandes innovaciones disruptivas cada cierto tiempo. En esta cultura de innovación, los empleados a todos los niveles tienen la libertad y los recursos para experimentar, colaborar y desafiar el statu quo.

2. La tecnología como motor de la innovación

El avance tecnológico es un factor clave para la innovación continua. Las herramientas digitales, como la inteligencia artificial (IA), el análisis de datos y las plataformas de simulación, permiten a las empresas modelar escenarios futuros, optimizar procesos y adaptarse rápidamente a las demandas del mercado.

Por ejemplo, en el ámbito de la gestión empresarial, las simulaciones avanzadas se han convertido en una herramienta esencial para la toma de decisiones estratégicas. Estas simulaciones permiten prever el impacto de diversas decisiones, desde cambios en la cadena de suministro hasta políticas de recursos humanos, lo que ofrece una visión clara de los posibles resultados antes de implementar cualquier cambio significativo. Este enfoque predictivo mejora la agilidad de la empresa, ayudando a los líderes a anticiparse a las disrupciones y gestionar la incertidumbre de manera efectiva.

Empresas como Amazon Web Services (AWS) han utilizado IA y análisis predictivo para optimizar su cadena de suministro y anticipar la demanda de los clientes, lo que les permite mantener su posición de liderazgo en el comercio electrónico. En un entorno tan competitivo, solo aquellas empresas que inviertan en tecnología para innovar continuamente podrán adaptarse con rapidez y liderar en el futuro.

3. El papel de los clientes en la innovación

Los clientes también juegan un papel crucial en la innovación empresarial. A medida que los consumidores se vuelven más exigentes y están más informados, las empresas deben ser ágiles para responder a las expectativas cambiantes. Las empresas líderes no solo reaccionan ante las demandas de los clientes, sino que anticipan sus necesidades futuras a través de herramientas como el análisis de datos y el machine learning.

Netflix es un ejemplo notable de cómo una empresa ha utilizado los datos de los clientes para innovar continuamente. Al analizar patrones de consumo de sus usuarios, Netflix ha sido capaz de personalizar recomendaciones y, en última instancia, desarrollar contenido original que se ajusta a los gustos cambiantes de su base de clientes global. Esta capacidad para adaptarse y evolucionar ha consolidado su posición de liderazgo en la industria del entretenimiento digital.

El liderazgo empresarial también exige que las organizaciones trabajen estrechamente con sus clientes para co-crear soluciones. Esto implica integrar la retroalimentación de los clientes en cada fase del ciclo de desarrollo, lo que permite a las empresas ajustar sus productos o servicios en tiempo real, mejorando continuamente la experiencia del usuario.

4. Innovación impulsada por la sostenibilidad

Hoy en día, la innovación empresarial no solo debe centrarse en los beneficios financieros, sino también en la sostenibilidad y el impacto social. Las empresas que lideran en el futuro serán aquellas que adopten estrategias de innovación que tengan en cuenta la sostenibilidad medioambiental, la equidad social y el bienestar de las comunidades en las que operan.

La economía circular es un ejemplo de cómo las empresas están innovando para minimizar el impacto ambiental y maximizar la reutilización de recursos. Empresas como Patagonia y IKEA han adoptado enfoques que incluyen la reparación, reutilización y reciclaje de productos, lo que no solo les permite reducir su huella ecológica, sino también crear nuevos modelos de negocio que atraen a consumidores conscientes.

Esta tendencia hacia la sostenibilidad está estrechamente vinculada con la innovación en materiales y procesos. La adopción de energías renovables, la reducción del desperdicio y la inversión en tecnologías limpias son elementos clave que las empresas líderes están incorporando en su estrategia de innovación. Al hacerlo, no solo aseguran su viabilidad a largo plazo, sino que también refuerzan su reputación como líderes responsables en el ámbito empresarial.

Adaptar, Aprender y Evolucionar: Prepararse para lo que Viene

El futuro de los negocios estará marcado por el cambio constante. Las empresas deben aprender a adaptarse rápidamente, a tomar lecciones de cada paso en falso y a evolucionar para enfrentar los nuevos desafíos que trae consigo un mundo en transformación. Este proceso de adaptación, aprendizaje y evolución es fundamental para las empresas que aspiran a ser líderes en el futuro.

1. Adaptarse al cambio continuo

Adaptarse no significa simplemente reaccionar ante las tendencias emergentes, sino también anticiparse a ellas. Las empresas que saben leer el entorno y ajustar sus estrategias rápidamente tendrán una ventaja competitiva en un mundo que cambia a gran velocidad. Los líderes empresariales deben fomentar una mentalidad de apertura al cambio, estar dispuestos a modificar estructuras, modelos de negocio y enfoques tradicionales.

Un excelente ejemplo de adaptación es el caso de Microsoft, que supo transformarse de una empresa centrada en software a un líder en la nube con su servicio Azure. Este cambio estratégico fue crucial para revitalizar su relevancia en el mercado global, adaptándose a las nuevas exigencias tecnológicas de sus clientes y fortaleciendo su posición frente a competidores emergentes.

2. El poder del aprendizaje continuo

El aprendizaje es el motor de la innovación. Las empresas que se comprometen a un proceso de aprendizaje continuo están mejor preparadas para aprovechar las oportunidades que surgen en tiempos de cambio. Esto implica fomentar una cultura de capacitación y desarrollo profesional, donde los empleados y líderes tengan las herramientas necesarias para adquirir nuevas habilidades y mantenerse al día con las últimas tendencias del mercado.

Las organizaciones de aprendizaje son aquellas que no solo se enfocan en mejorar el conocimiento de sus empleados, sino que también capturan y aprovechan el conocimiento colectivo. Un ejemplo es Toyota, cuya filosofía de mejora continua, o Kaizen, se basa en la participación activa de todos los empleados para identificar oportunidades de mejora, no importa cuán pequeñas sean. Este enfoque ha permitido a Toyota mantener su liderazgo en la industria automotriz durante décadas.

Además, la capacidad de aprender de los errores es un componente crítico del éxito empresarial. Las empresas que ven los fracasos como oportunidades de aprendizaje en lugar de como obstáculos inamovibles están mejor equipadas para adaptarse y crecer. A medida que los mercados y las tecnologías cambian, las organizaciones deben estar dispuestas a experimentar, cometer errores y ajustar el rumbo con rapidez.

3. Evolucionar hacia el futuro

Finalmente, las empresas deben evolucionar para mantenerse competitivas. Esto implica no solo hacer ajustes incrementales, sino también estar dispuestas a reinventarse por completo si las circunstancias lo requieren. La capacidad de evolución está estrechamente vinculada a la flexibilidad organizacional. Las empresas rígidas que se aferran a modelos de negocio obsoletos o a prácticas anticuadas corren el riesgo de quedarse atrás.

La evolución no solo afecta a los productos o servicios que ofrece una empresa, sino también a su estructura, cultura y mentalidad. Las organizaciones que adoptan un enfoque ágil tienen una mayor capacidad de pivotar cuando es necesario y de capitalizar nuevas oportunidades de mercado. La evolución también debe estar impulsada por un enfoque proactivo hacia el futuro, en lugar de una reacción a lo que ya ha sucedido.

Un ejemplo notable de evolución es el de Apple. Aunque originalmente una empresa de ordenadores personales, Apple evolucionó a un líder global en tecnología de consumo con la creación de productos disruptivos como el iPhone y el iPad. Esta capacidad de transformarse constantemente le ha permitido mantener su posición como una de las empresas más innovadoras y valiosas del mundo.

Innovar, Adaptarse, Aprender y Evolucionar

En el mundo empresarial moderno, el liderazgo no se define únicamente por el éxito financiero o el tamaño de la empresa, sino por la capacidad de innovar constantemente, adaptarse a las circunstancias cambiantes, aprender de los errores y evolucionar para enfrentar el futuro. Las empresas que abrazan estos principios están mejor posicionadas para superar las incertidumbres del mercado, anticipar las necesidades de los clientes y liderar en sus respectivas industrias.

La innovación continua es un proceso que requiere una mentalidad abierta, una cultura organizacional que fomente la experimentación y una voluntad de aceptar el fracaso como parte del camino hacia el éxito. Las empresas que sepan adaptarse rápidamente a los cambios tecnológicos y de mercado serán aquellas que dominen el futuro.

Del mismo modo, el aprendizaje constante es esencial para mantenerse al día con las tendencias y tecnologías emergentes. Las organizaciones que fomentan un entorno de aprendizaje y desarrollo están mejor preparadas para aprovechar las oportunidades que surgen en tiempos de cambio. Finalmente, la capacidad de evolucionar hacia nuevas formas de hacer negocios será la clave para mantener el liderazgo en el entorno empresarial dinámico del siglo XXI.

Así, las empresas que aspiren a ser líderes deben centrarse no solo en el presente, sino también en lo que vendrá. Innovar, adaptarse, aprender y evolucionar son los pilares esenciales para navegar el futuro con éxito.

Categoría	Desafíos Principales	Descripción
Innovación Continua	Crear una cultura de innovación	Fomentar un entorno donde todos los empleados se sientan motivados para proponer nuevas ideas y asumir riesgos, apoyados por la alta dirección. Fracasar no debe ser penalizado, sino visto como una oportunidad de aprendizaje.
	Uso de tecnologías emergentes	Implementar tecnologías como la inteligencia artificial, el análisis predictivo y simulaciones avanzadas para mejorar la toma de decisiones, optimizar operaciones y anticipar cambios en el mercado.
	Anticipación de las demandas del cliente	Las empresas deben no solo reaccionar a las demandas actuales, sino también predecir las necesidades futuras de los clientes utilizando big data, machine learning y análisis de comportamiento.
	Innovar con sostenibilidad	Incorporar modelos de negocio basados en la economía circular, energías renovables y prácticas sostenibles. Innovar de forma responsable con el medio ambiente para asegurar la viabilidad a largo plazo y atraer consumidores conscientes.

Adaptación	Anticipar cambios en el mercado	Adaptarse no solo a los cambios actuales, sino también anticiparse a las disrupciones futuras del mercado. Los líderes empresariales deben adoptar una mentalidad proactiva en lugar de reactiva.
	Modificación rápida de modelos de negocio	Desarrollar la capacidad de ajustar o reinventar modelos de negocio rápidamente cuando el entorno económico o tecnológico lo exija, como Microsoft al transformarse en líder de servicios en la nube con Azure.
	Flexibilidad organizacional	Crear estructuras ágiles que permitan a la empresa pivotar rápidamente frente a cambios, eliminando rigideces estructurales que puedan frenar la adaptación.
Aprendizaje Continuo	Fomentar una cultura de aprendizaje	Crear un entorno que valore el desarrollo profesional continuo de los empleados. Las empresas deben ofrecer oportunidades de capacitación para adquirir nuevas habilidades adaptadas a las tendencias tecnológicas y del mercado.
	Aprender del fracaso	Las empresas deben asumir el fracaso como parte del proceso de aprendizaje. Solo aquellas que experimentan, evalúan y corrigen sobre la marcha pueden encontrar nuevas oportunidades y mejorar sus procesos de innovación.

	Organizaciones de aprendizaje	Implementar una mentalidad organizacional similar a la metodología Kaizen, en la que todos los empleados contribuyen activamente a identificar oportunidades de mejora, no importa cuán pequeñas sean, como en el caso de Toyota.
Evolución Empresarial	Reinventarse continuamente	Las empresas deben estar dispuestas a reinventar sus productos, servicios y modelos de negocio cuando sea necesario para mantenerse competitivas, como lo hizo Apple con su transición de computadoras a dispositivos móviles.
	Evolución hacia modelos más ágiles	Adoptar un enfoque ágil que permita a la empresa realizar ajustes incrementales o transformaciones profundas cuando sea necesario. Esto incluye la adopción de metodologías ágiles y flexibles en todas las áreas de la empresa.
	Pensar a largo plazo	El liderazgo empresarial del futuro estará determinado por la capacidad de las empresas de anticipar cambios y evolucionar de manera constante hacia nuevas formas de operar, en lugar de aferrarse a modelos de negocio obsoletos o ineficientes.

APÉNDICES

Apéndice A: Herramientas de Simulación Empresarial Recomendadas

En este apéndice, presentamos una lista de herramientas de simulación empresarial que pueden ser valiosas para la gestión, planificación estratégica y la toma de decisiones. Estas plataformas permiten a las empresas modelar escenarios complejos, prever riesgos, optimizar operaciones y mejorar la eficiencia.

1. AnyLogic

- Descripción: AnyLogic es una de las plataformas más versátiles de simulación empresarial, que combina la simulación basada en agentes, eventos discretos y dinámica de sistemas.

- Aplicaciones: Ideal para logística, gestión de la cadena de suministro, simulación de procesos, y simulación de proyectos.

- Ventajas: Soporte multi-modelo, escalabilidad, integración con otras plataformas analíticas y gran comunidad de usuarios.

2. Simul8

- Descripción: Herramienta fácil de usar para la simulación de procesos empresariales y de manufactura.

- Aplicaciones: Optimización de procesos, simulación de cadenas de suministro, simulación de líneas de producción.

- Ventajas: Interfaz intuitiva, accesible para usuarios sin mucha experiencia técnica, ofrece simulación en tiempo real.

3. Arena Simulation Software

- Descripción: Amplia plataforma de simulación que permite modelar procesos industriales complejos y operativos.

- Aplicaciones: Procesos de manufactura, cadena de suministro, logística y sistemas de servicio.

- Ventajas: Alta personalización, grandes capacidades para manejar simulaciones a gran escala, potente motor de simulación.

4. FlexSim

- Descripción: Software 3D de simulación para mejorar la eficiencia operativa y optimizar el flujo de trabajo.

- Aplicaciones: Fabricación, distribución, logística, salud, y simulación de flujo de trabajo.

- Ventajas: Visualización en 3D de alta calidad, análisis estadísticos profundos, fácil integración con otras herramientas empresariales.

5. Stella Architect

- Descripción: Plataforma de simulación basada en la dinámica de sistemas, orientada a la creación de modelos visuales.

- Aplicaciones: Planeación estratégica, análisis de políticas, simulación de negocios y educación.

- Ventajas: Interfaz visual amigable, excelente para usuarios educativos y corporativos que necesitan modelos interactivos.

6. Powersim Studio

- Descripción: Herramienta de simulación que permite crear modelos detallados de escenarios empresariales utilizando la dinámica de sistemas.

- Aplicaciones: Planeación financiera, simulaciones de mercado, gestión de riesgos y desarrollo de estrategias.

- Ventajas: Enfoque flexible, potente para modelar incertidumbres y escenarios de largo plazo.

7. Vensim

- Descripción: Especializada en la simulación dinámica de sistemas, ideal para estudios de políticas y análisis de procesos complejos.

- Aplicaciones: Estrategias empresariales, modelado de sistemas sociales y económicos, análisis de procesos a nivel macro.

- Ventajas: Alto nivel de precisión en la simulación de sistemas, manejo de grandes cantidades de datos y variables.

8. IBM ILOG CPLEX Optimization Studio

- Descripción: Potente herramienta de optimización que incluye técnicas avanzadas como programación matemática, optimización de restricciones y algoritmos evolutivos.

- Aplicaciones: Optimización de la cadena de suministro, planificación de producción, logística y problemas de planificación estratégica.

- Ventajas: Motor de optimización de alto rendimiento, escalable para problemas complejos a gran escala.

9. GoldSim

- Descripción: Software de simulación de modelos dinámicos que permite evaluar el comportamiento a largo plazo y la gestión de riesgos.

- Aplicaciones: Análisis de riesgos, gestión de proyectos, modelado de sistemas industriales complejos.

- Ventajas: Soporte para simulaciones probabilísticas y análisis de riesgo, adaptable a múltiples industrias.

10. Insight Maker

- Descripción: Herramienta gratuita basada en la web para la simulación de dinámica de sistemas y modelos de simulación basados en agentes.

- Aplicaciones: Modelado de sistemas complejos, análisis estratégico, simulaciones educativas.

- Ventajas: Fácil de usar, accesible desde cualquier navegador, excelente para la colaboración en línea y la creación rápida de prototipos de simulación.

Apéndice B: Guía Práctica para Implementar Simulaciones en tu Empresa

Implementar simulaciones en tu empresa puede ser un proceso transformador, pero requiere una planificación cuidadosa y un enfoque sistemático. Esta guía práctica te ayudará a establecer un marco efectivo para la implementación de simulaciones.

1. Definir Objetivos y Alcance

   - Identifica los Problemas: Determina qué áreas de tu negocio necesitan simulación (logística, producción, marketing, etc.).

   - Establece Objetivos Claros: Define lo que esperas lograr con la simulación, como mejorar la eficiencia, reducir costos o evaluar riesgos.

2. Seleccionar la Herramienta Adecuada

   - Investiga Herramientas: Evalúa las diferentes herramientas de simulación disponibles según tus necesidades específicas.

   - Considera la Facilidad de Uso: Asegúrate de que el personal pueda aprender a usar la herramienta de manera efectiva.

3. Reunir un Equipo Multidisciplinario

   - Forma un Equipo de Proyecto: Incluye miembros de diferentes departamentos (finanzas, operaciones, IT) para asegurar una perspectiva integral.

   - Define Roles y Responsabilidades: Asegúrate de que cada miembro sepa su papel en el proceso de simulación.

4. Recopilar Datos Necesarios

   - Identifica Fuentes de Datos: Asegúrate de tener acceso a los datos históricos y actuales necesarios para la simulación.

   - Verifica la Calidad de los Datos: Realiza una revisión de la calidad de los datos para evitar errores en la simulación.

5. Desarrollar el Modelo de Simulación

   - Crea un Modelo Inicial: Comienza con un modelo básico que represente el sistema que deseas simular.

   - Itera y Mejora: Revisa y ajusta el modelo en función de los comentarios y resultados de las primeras simulaciones.

6. Validar y Calibrar el Modelo

   - Compara Resultados: Valida el modelo comparando sus resultados con datos del mundo real.

   - Ajusta Parámetros: Realiza ajustes para que el modelo refleje con precisión el comportamiento del sistema.

7. Ejecutar Simulaciones

   - Realiza Simulaciones Variadas: Ejecuta múltiples simulaciones variando los parámetros para explorar diferentes escenarios.

- Documenta Resultados: Mantén un registro detallado de los resultados y observaciones de cada simulación.

8. Analizar y Comunicar Resultados

   - Analiza los Resultados: Examina los resultados para extraer conclusiones significativas y patrones.

   - Prepara Informes: Comunica los hallazgos a las partes interesadas de manera clara y accesible.

9. Tomar Decisiones Informadas

   - Implementa Cambios: Usa los insights obtenidos de la simulación para guiar la toma de decisiones en la empresa.

   - Evalúa el Impacto: Monitorea los cambios implementados para evaluar su efectividad en relación con los objetivos establecidos.

10. Revisar y Mejorar Continuamente

   - Feedback Constante: Recoge retroalimentación sobre el proceso de simulación y realiza ajustes según sea necesario.

   - Actualiza el Modelo Regularmente: Mantén el modelo actualizado con nuevos datos y cambios en el entorno empresarial.

Apéndice C: Estudios de Caso Detallados: Empresas que Lideran el Futuro

En este apéndice, se presentan estudios de caso de empresas que han implementado simulaciones de manera exitosa, liderando el camino hacia el futuro en sus respectivas industrias.

Caso 1: Amazon

- Contexto: Amazon utiliza simulaciones para optimizar su cadena de suministro y logística.

- Implementación: A través de modelos de simulación avanzados, han podido prever la demanda de productos y ajustar sus niveles de inventario en tiempo real.

- Resultados: Esta capacidad ha permitido a Amazon reducir costos operativos y mejorar la satisfacción del cliente al garantizar la disponibilidad de productos.

Caso 2: Siemens

- Contexto: Siemens implementa simulaciones en la planificación de proyectos y diseño de procesos.

- Implementación: Utilizan simulaciones para modelar el rendimiento de sus plantas de producción antes de la construcción.

- Resultados: Esto ha llevado a una reducción en los plazos de entrega y una mejora en la eficiencia operativa, logrando un aumento significativo en la rentabilidad.

Caso 3: Procter & Gamble

- Contexto: P&G utiliza simulaciones para la investigación y desarrollo de productos.

- Implementación: A través de simulaciones de mercado, pueden prever cómo un nuevo producto será recibido por los consumidores.

- Resultados: Esta estrategia ha permitido un lanzamiento más efectivo de nuevos productos y una mejor asignación de recursos en su marketing.

Caso 4: Tesla

- Contexto: Tesla utiliza simulaciones para el diseño y la producción de sus vehículos eléctricos.

- Implementación: Emplean simulaciones en el diseño de baterías y sistemas de propulsión, así como en la logística de producción.

- Resultados: Han logrado innovaciones rápidas y mejoras en la calidad del producto, posicionándose como líderes en el sector automotriz eléctrico.

Caso 5: Airbus

- Contexto: Airbus aplica simulaciones en la planificación de la producción y la gestión de la cadena de suministro.

- Implementación: Usan simulaciones para modelar la producción de aeronaves, evaluando diferentes escenarios y flujos de trabajo.

- Resultados: Esto ha optimizado su proceso de fabricación, reduciendo costos y mejorando la entrega de sus aviones a tiempo.

Estos estudios de caso demuestran el impacto significativo que las simulaciones pueden tener en la mejora de procesos, la toma de decisiones estratégicas y la creación de una ventaja competitiva sostenible en el mercado.

FIN